Die Erwählten sind eine dogmatische Sekte, die sich von den Prinzipien der Aufklärung abgewendet hat. Sie bilden eine Gefahr für Meinungsfreiheit und Demokratie, denn ihre Mitglieder agieren radikal und essenzialistisch – und sind dabei eines gerade nicht: antirassistisch. Anstatt den betroffenen Menschen zu helfen, schadet ihr Neorassismus den Schwarzen und zerstört jeden integrativen Diskurs. Einzig die Erwählten selbst profitieren: Sie stellen ihre Tugendhaftigkeit aus und fühlen sich sündenfrei. Mit scharfem Blick und anschaulichen Beispielen erklärt John McWhorter, wo und wie diese Bewegung entstanden ist und wie sie zu einer Religion wurde. Am Ende seines erhellenden wie mutigen Buchs macht er uns aber auch Hoffnung und zeigt den möglichen Weg zu einer Gerechtigkeit, die das Schwarze Amerika einen soll, anstatt es zu trennen.

John McWhorter ist Professor für Linguistik, Musikgeschichte und Vergleichende Literaturwissenschaften am Center for American Studies der Columbia University in New York. Er ist ein renommierter Experte für Antirassismus, Autor von über zwanzig Büchern und Kolumnist der *New York Times*. Außerdem schreibt regelmäßig für Zeitungen und Zeitschriften, darunter *The Atlantic* und *The New Republic*. Auf Twitter hat er unter @JohnHMcWhorter mehr als 200 000 Follower. Er lebt mit seiner Familie in New York.

John McWhorter

Die Erwählten

/

Wie der neue Antirassismus die Gesellschaft spaltet

Aus dem amerikanischen Englisch
von Kirsten Riesselmann

HOFFMANN UND CAMPE

Die Originalausgabe erschien 2021 unter dem Titel *Woke Racism. How a New Religion Has Betrayed Black America* bei Portfolio/Penguin, an imprint of Penguin Random House, New York. Der Prolog sowie die Kapitel 1 und 2 wurden in einer frühen Fassung bereits in John McWhorters Substack-Newsletter »It Bears Mentioning« (2021) veröffentlicht.

1. Auflage 2023
Taschenbuchausgabe

www.hoffmann-und-campe.de
Umschlaggestaltung: Lisa Busch © Hoffmann und Campe
Satz: fuxbux, Berlin
Gesetzt aus der Sabon und der Sofia
Druck und Bindung: GGP Media GmbH, Pößneck
Printed in Germany
ISBN 978-3-455-01299-6

HOFFMANN
UND CAMPE

Ein Unternehmen der
GANSKE VERLAGSGRUPPE

Dieses Buch ist all jenen gewidmet,
die es in sich haben, gegen diesen Irrweg
in der intellektuellen, kulturellen und
moralischen Entwicklung der Menschheit
aufzubegehren.

/

Inhalt

/ Vorwort

Lange Einleitungen sind nicht so mein Ding. Trotzdem würde ich, bevor wir anfangen, meinen Leserinnen und Lesern gern einen Eindruck von der Gesamtsituation vermitteln.

Dieses Buch richtet sich nicht an Menschen mit einer ganz bestimmten Weltsicht. Ich gehe davon aus, dass man die Betreffenden mit Argumenten größtenteils nicht mehr erreicht, und fordere deshalb hier niemanden dazu auf, sich den Wert eines offenen Ideenmarktes bewusst zu machen, die Qualität einer soliden Diskussion zu begreifen und zu erkennen, wie töricht es ist, Menschen nur deswegen zu beschimpfen, weil sie anderer Meinung sind als man selbst.

Vielmehr ist dieses Buch ein Aufruf an den Rest von uns: Wir sollten ein Verständnis davon gewinnen, dass Menschen, die einer ganz bestimmten Ideologie anhängen, unser Land verändern wollen, und zwar auf der ideologischen Grundlage von Rassismus. Das ist ihnen selbst nicht bewusst, und wenn man sie darauf hinweist, können sie das nicht einräumen. Aber wir anderen sollten es auf dem Schirm haben.

Ich möchte im Folgenden:

1. Argumente dafür finden, dass diese neue Ideologie eigentlich eine Religion ist, auch wenn sie sich nicht so nennt, und dass dieser Umstand erklärt, warum etwas so Zerstörerisches und Inkohärentes auf so viele gute Leute einen derartigen Reiz ausübt;

2. erklären, warum so viele Schwarze Menschen eine Religion anziehend finden, die uns Schwarze Menschen wie Einfaltspinsel behandelt;

3. darlegen, dass diese Religion Schwarzen Menschen aktiv schadet, obwohl sie sich als in einem noch nie da gewesenen Ausmaß antirassistisch versteht;

4. zeigen, dass eine pragmatische, wirksame, liberale und sogar demokratiefreundliche Agenda zur Rettung des Schwarzen Amerika nicht notwendigerweise auf den Glaubenssätzen dieser neuen Religion fußen muss;

5. Wege aufzeigen, wie sich die Beeinflussung unserer öffentlichen Kultur durch diese neue Religion verringern lässt.

Ich hoffe, dass meine Beobachtungen nur einer von vielen Beiträgen in unserer Auseinandersetzung darüber sein werden, was soziale Gerechtigkeit ausmacht. Ich habe nicht die Absicht, mit meinem Text lediglich die Flammen der Empörung bei denjenigen höher schlagen zu lassen, die sowieso schon meiner Meinung sind. Ich möchte die noch Unentschiedenen erreichen, die sich von der Leidenschaft und der Rhetorik jener Ideologen moralisch unter Druck gesetzt sehen, aber ihren inneren Kompass trotzdem nicht verleugnen können. Ich möchte, dass sie sich voller Vertrauen und Zuversicht dem widmen, worum es auch mir geht: der Verbesserung des realen Lebens echter Menschen.

Was dieses Buch nicht ist

Die Frage, welche Form von Kritik gegen dieses Buch ins Feld geführt werden wird, brauchen wir uns gar nicht erst zu stellen. Die Gegenargumente werden sein: Ich charakterisiere ›Religion‹ falsch und/oder sei respektlos gegenüber dem Religiösen. Ich vereinfache zu sehr. Das wahre Problem sei doch die militante Rechte. Um dieses Buch schreiben zu dürfen, sei ich gar nicht Schwarz genug. Ich sei nicht nett. Etc. pp. All diese Kritikpunkte werde ich im Folgenden ausräumen, um im Anschluss einige tragfähige Lösungen anzubieten. Aber zunächst kommt, was dieses Buch nicht ist:

1. Es wendet sich nicht gegen Protest als solchen. Ich habe nichts gegen die Kerngedanken von *Black Lives Matter*, obwohl ich mit einigen Folgeerscheinungen der Bewegung so meine Differenzen habe. Ich behaupte nicht, dass die Bürgerrechtsbewegung der 1950er und 1960er Jahre besser daran getan hätte, sich ausschließlich ans besonnene Verhandeln zu halten. Ich schreibe nicht an gegen die Linke. Ich argumentiere gegen eine bestimmte Strömung innerhalb der Linken, die in US-amerikani-

schen Institutionen einen schwerwiegenden Einfluss gewonnen hat, bis zu dem Punkt, dass wir zunehmend eine Sprache, eine Politik und ein Handeln für normal halten, das Orwell noch als Fiktion beschrieb.

2. Als die Leserschaft meines Buches stelle ich mir keine rechten US-Amerikanerinnen und -Amerikaner vor. Menschen aus dieser Welt dürfen zwar gern mal reinhorchen, aber ich schreibe dieses Buch für zwei andere Teilgruppen der amerikanischen Bevölkerung. Beide halte ich im Grunde für ›meine Leute‹, weswegen mich das, was gerade passiert, auch so mit Sorge erfüllt.

Die eine Gruppe sind Menschen, die die *New York Times* lesen und öffentlich-rechtlichen Rundfunk hören, aber trotzdem recht naiv dem Eindruck verfallen sind, frömmelnde, nicht-empirische Tugendhaftigkeitssignale zum Thema *Race* seien eine Form von moralischer Aufklärung und politischem Aktivismus, weswegen sie Gefahr laufen, unfreiwillig selbst zu eingetragenen Rassistinnen und Rassisten zu werden. Im Buch werde ich diese Menschen häufig als ›Weiße‹ bezeichnen, aber sie können jede Hautfarbe haben, die meinige eingeschlossen. Ich bin Teil dieser Welt. Ich lese den *New Yorker*, ich habe zwei Kinder, und ich habe den Film *Sideways* gesehen. Mir haben sowohl *The Wire* als auch *Parks and Recreation* sehr gut gefallen.

Die andere Gruppe sind Schwarze Menschen, die gutgläubig dem falschen Eindruck anheimgefallen sind, dass Schreie der Schwäche bei uns eine Art Stärke darstellen und dass das, was uns interessant und relevant macht, eine ausgedachte Figur ist: nämlich die für immer zum Opfer gemachte arme Seele, die bis in alle Ewigkeit die Erinnerungen und die unseren Leuten in den letzten vierhundert Jahren angetanen Verletzungen in sich trägt und von ihnen definiert wird – ewig ohne Anerkennung, ewig falsch verstanden, ewig in vielerlei Hinsicht unbezahlt.

3. Dies ist kein Buch, das sich hauptsächlich beklagt. Ich ziele nicht darauf ab, nebulöse Behauptungen aufzustellen, von wegen: Die hyper-woken Leute von heute verstehen einfach nicht, wie zentral die Meinungsvielfalt für eine gesunde Gesellschaft ist! Ihnen mit Zitaten von John Stuart Mill zu kommen, führt zu nichts. Unsere aktuellen Debatten sind eine enorme Energieverschwendung, weil niemand erkennt, wie vergeblich der sogenannte Dialog mit ihnen ist. Was glauben Sie: Wie viele von einhundert fundamentalistischen Christinnen und Christen lassen sich durch Argumente zum Atheismus bekehren? Es gibt keinen Grund zu der Annahme, dass die Zahl derer, denen man diese neue Religion einfach ausreden könnte, höher sein sollte.

Von daher sollte unsere Sorge eher sein, wie wir trotz dieser Ideologie wahren Fortschritt vorantreiben können. Wie können wir sie umgehen, wie um sie herumarbeiten? Wie schützen wir Menschen mit guten Ideen vor der Wirkmacht rein liturgischer Belange? Wie halten wir sie davon ab, auf die Bildung unserer jungen Leute noch stärkeren Einfluss zu nehmen als sowieso schon geschehen? Wie lässt sich ein sozial großzügiges Leben inmitten der Notwendigkeit führen, sich mit ihrer religiösen Doktrin auseinanderzusetzen, die uns mit dem unnachgiebigen puritanischen Ernst eines Cotton Mather vermittelt wird, obwohl so gut wie niemand von ihnen tatsächlich begreift, dass hier mit religiösen und nicht mit säkularen Argumenten gearbeitet wird?

Kurz: Die Frage, wie wir diese Leute erreichen können, interessiert mich nicht. Wir können sie nicht erreichen, zumindest nicht so viele von ihnen, dass es ins Gewicht fiele. Die Frage ist vielmehr, wie wir es schaffen, unter ihnen zu leben und uns trotzdem eine gewisse Zivilisiertheit zu bewahren. Denn wir wollen echten Wandel in der realen Welt. Das aber müssen wir fürs Erste tun, obwohl wir ständig auf Verkünderinnen und Verkünder einer Heilsbotschaft treffen, die nur darauf aus sind, Ketzer zu enttarnen, und die jederzeit bereitstehen, uns als Sittenstrolche an den Pranger zu stellen.

Ich schreibe dieses Buch vor dem Hintergrund, dass die fragliche Ideologie Weiße in die Lage versetzt, sich als Retterinnen und Retter Schwarzer Menschen zu bezeichnen und Schwarze gleichzeitig als die dümmsten, schwächsten, sich selbst am meisten bemitleidenden Menschen in der Geschichte unserer Art aussehen zu lassen. Schwarze Menschen wiederum lehrt sie, sich in diesem Status zu suhlen und ihn zu genießen, schließlich macht er uns zu etwas Besonderem. Die Vorstellung, dass diese Indoktrination auf das Selbstbild meiner Töchter abfärbt, finde ich ganz besonders grauenvoll. Ich kann ja nicht ständig in ihrer Nähe sein. Aber diese anti-humanistische Ideologie könnte bald in die Lehrpläne der Schulen einsickern. Dieser Gedanke lässt mich schaudern: Lehrerinnen und Lehrer, die leuchtende Augen bekommen bei der Aussicht darauf, ihren Antirassismus zur Schau stellen zu können, indem sie die Köpfe meiner Töchter mit Performance-Kunst füllen, die ihnen beibringt, keine Individuen, sondern Musterbeispiele zu sein. Mit seinem Buch *Zwischen mir und der Welt* wollte Ta-Nehisi Coates seinen Sohn lehren, dass ganz Amerika gegen ihn ist; ich möchte meinen Kindern lieber ihre Lebensrealität im 21. und nicht die im frühen bis mittleren 20. Jahrhundert vermitteln. Gott bewahre, dass meine Töchter dieses absolut traurige Selbstbild verinnerlichen, dass alles, was sie interessant macht, nur das ist, was andere über sie denken oder nicht denken.

Viele werden es trotzdem für Verrat halten, dass ich als Schwarze Person dieses Buch schreibe. Sie werden nicht verstehen, dass ich, indem ich es schreibe, glaube, meiner *Race* einen Dienst zu erweisen. Die besondere Tragik dieser pervertierten Gesellschaftspolitik (und wie sie uns denken oder eben nicht denken lässt) ist die Tatsache, dass sie bei mehr als nur ein paar Schwarzen Leserinnen und Lesern die Erkenntnis verhindern wird, dass dieses Buch ein Aufruf dazu ist, sich mit echtem Respekt behandeln zu lassen. Wie auch immer. Sie und alle anderen sollten wissen: Mir ist durchaus bewusst, dass weiße Leserinnen und Leser eher bereit sind, sich Ansichten wie die meinigen anzuhören, wenn sie von einer Schwarzen Person aufgeschrieben werden. Deswegen erachte ich es für nichts weniger als meine Pflicht, dieses Buch zu schreiben.

Wäre dieses Buch von einer weißen Autorin oder einem weißen Autor geschrieben, würde es ungeniert als rassistisch verurteilt. Ich hingegen werde von einer gewissen Gruppe zu hören bekommen, ich sei von Selbsthass zerfressen. Aber ganz ehrlich: Das wird niemand ernsthaft behaupten wollen. Und alle, die dieses Buch bis zum Ende lesen, werden feststellen, dass Selbsthass oder Scham über mein Schwarzsein nicht zu meinen Eigenschaften gehören. So, und jetzt weiter.

1 / Was sind das für Leute?

Während ich im Sommer 2020 an diesem Buch schreibe, ist Alison Roman, eine Food-Autorin der *New York Times*, gerade im Zwangsurlaub. Man mag sich fragen, was eine mit Lebensmitteln und Gastronomie befasste Journalistin wohl angestellt haben könnte, um von ihrem Arbeitgeber zeitweilig suspendiert zu werden. Romans Sünde: In einem Interview warf sie in einer Randnotiz Model und Food-Autorin Chrissy Teigen sowie Lifestyle-Coach Marie Kondo vor, aus rein kommerziellen Beweggründen zu handeln. Auf Twitter wurde Roman dann dafür gemobbt, dass sie es gewagt hatte, als weiße Frau zwei Frauen of Color zu kritisieren.

Teigen ist halb weiß und halb Thai. Kondo ist japanische Staatsbürgerin. Keine der beiden passt zu unserer typischen Vorstellung von einer Person of Color, im Sinne von: Opfer einer historisch bedingten und strukturell perpetuierten Benachteiligung. Wie auch immer: Im Jahr 2020 war die bloße Tatsache, dass eine weiße Person nicht nur an einer, sondern gleich an zwei nichtweißen Personen Kritik übte, Rechtfertigung genug dafür, dass sie in den sozialen Medien an den Pranger gestellt wurde und ihre Arbeit nicht mehr tun durfte. Roman hatte als Weiße angeblich nach unten getreten – wobei man unter ›unten‹ zwei sehr reiche, erfolgreiche und deutlich prominentere Frauen als sie selbst verstehen muss. Romans Weißsein stach alles andere aus, so sagte man uns.

Wie heutzutage üblich in einem solchen Fall, kroch Roman zu Kreuze und veröffentlichte eine Entschuldigung, in der stand, sie habe nachgedacht und ihren Fehler erkannt. Teigen sagte, sie finde nicht, dass Roman eine Bestrafung verdient habe. Aber das zählte nicht. Eine bestimmte Form von Empörung, die als ›antirassistisch‹ gilt, hat für unsere öffentlich getätigten moralischen Bewertungen heutzutage die Deutungshoheit, und diese Empörung verlangte, Roman auf dem Marktplatz an den Schandpfahl zu stellen. Bis in alle Ewigkeit wird jetzt in ihrem Wikipedia-Eintrag die plakative Anmerkung stehen, sie sei einst zur Rassistin erklärt worden, unabhängig davon, dass die meisten US-Amerikanerinnen und -Amerikaner wahrscheinlich nicht finden, dass sie eine solche Behandlung verdient hat, und völlig unbenommen der Tatsache, dass sie noch vor ein paar Jahren nicht so behandelt worden wäre. Sie verließ die *Times* später ganz.

Was sind das für Leute, die so etwas tun? Wieso kommen sie damit durch? Und lassen wir sie gewähren?

Im selben Jahr durfte Leslie Neal-Boylan ihren Job als Dekanin für Pflegeberufe an der Universität von Massachusetts Lowell nur ein paar Monate behalten. Das Problem: Neal-Boylan hatte sich im Zuge der landesweiten Statements nach dem von Polizisten verübten Mord an George

Floyd erdreistet, das folgende – angeblich borniert-bigotte – Schriftstück an Kolleginnen und Kollegen zu verschicken:

> Ich möchte meiner Sorge über die jüngsten (und alle in der Vergangenheit liegenden) Gewaltakte gegen Personen of Color Ausdruck verleihen. Ich verurteile sie. Die jüngsten Geschehnisse erinnern an die historische Tragik von Rassismus und Vorurteilen, die bis heute in diesem Land gedeihen. Ich fürchte um unsere Zukunft als Nation, wenn wir nicht aufstehen gegen Gewalt, egal, gegen wen sie sich richtet. BLACK LIVES MATTER. Aber auch: EVERYONE'S LIFE MATTERS. Niemand sollte in Angst davor leben müssen, wegen seines Aussehens oder seines Glaubens angegriffen zu werden.

Eine bestimmte Gruppe beschloss, Neal-Boylan so zu lesen, als stieße sie ins selbe Horn wie diejenigen, die sich dem Slogan »Black Lives Matter!« mit der Entgegnung »All Lives Matter!« widersetzen, so als würde BLM irgendwie behaupten, Schwarzes Leben sei *mehr* wert. Aber Neal-Boylans Statement lässt sich so nur lesen, wenn man schlecht liest. Zunächst beklagt sie »die historische Tragik von Rassismus und Vorurteilen«, und nein, damit meint sie nicht, dass es nur in der Vergangenheit Rassismus und Vorurteile gegeben hat und Schwarze Menschen darüber hinweg sein sollten, denn gleichzeitig schreibt sie: Rassismus und Vorurteile gedeihen in diesem Land »bis heute«.

Weil aber ihr Text die drei Worte »Everyone's Life Matters« enthält, wurde sie bei den Vorgesetzten gemeldet. Ihren Job war sie dann schnell los. Irgendetwas zu ihrer Verteidigung vorzubringen wurde ihr nicht gestattet. Warum wurde Leslie Neal-Boylans E-Mail als Machwerk einer zur Anleitung von Menschen, die sich zum Heilen und Trösten ausbilden lassen, ungeeigneten Person betrachtet? Ein Kind würde diese Frage stellen – genauso wie Zeitreisende aus dem noch nicht lange zurückliegenden Jahr 2015. Aber Neal-Boylans Kritikerinnen und Kritiker wurden für befugt und ihre Meinung wurde für maßgeblich erachtet.

Was sind das für Leute, die so etwas tun? Wieso kommen sie damit durch? Und lassen wir sie gewähren?

Ebenfalls in diesem Jahr, also 2020, verlor David Shor seinen Job. Der Datenanalyst bei einem progressiven Beratungsunternehmen hatte per Twitter auf eine Studie von Omar Wasow hingewiesen, in der der Schwarze Ivy-League-Politikprofessor nachweist, dass die Leute während der langen, heißen Sommer der späten 1960er Jahre mit größerer Wahrscheinlichkeit die Republikaner wählten, wenn es gewalttätige und nicht nur friedliche Schwarze Proteste vor Ort gab. Shor wollte diesen Zusammenhang nicht feiern, sondern nur die Tatsache als solche verbreiten, als die traurige Nachricht, die sie war und als die sie kurz zuvor auch schon eifrig von den liberalen Medien aufgenommen worden war.

Gewissen Kreisen allerdings kam es nicht zupass, dass ein weißer Mann etwas auf Twitter teilte, das sich kurz nach dem Mord an George Floyd als Kritik an Schwarzen Protestbewegungen interpretieren ließ. Das Beratungsunternehmen nahm dies zur Kenntnis und warf Shor raus.

Was sind das für Leute, die so etwas tun? Wieso kommen sie damit durch? Und lassen wir sie gewähren?

Was sind das für Leute, die so etwas tun?

All diese Fälle ereigneten sich, weil eine Geisteshaltung, die wir als *Third Wave Antiracism*, als dritte Welle des Antirassismus, bezeichnen könnten, an Einfluss gewinnt, eine Bewegung, deren Anhänger allerdings häufiger *Social Justice Warriors* oder ›der woke Mob‹ genannt werden.

Genau wie der Feminismus lässt sich auch der Antirassismus in drei Wellen unterteilen. Die erste Welle kämpfte gegen die Sklaverei und die gesetzlich verordnete Rassentrennung. Die zweite Welle, während der 1970er und 1980er Jahre, kämpfte gegen rassistische Einstellungen und brachte Amerika und der Welt bei, dass Rassismus ein moralischer Makel ist. Der in den 2010er Jahren zum Mainstream gewordene Third-Wave-Antirassismus lehrt uns, dass Rassismus fest mit den gesellschaftlichen Strukturen verquickt ist. Die ›Komplizenschaft‹ der in diesen Strukturen lebenden Weißen konstituiert diesen Rassismus überhaupt erst, wohingegen das Ringen mit dem sie überall umgebenden Rassismus den gesamten Erfahrungsraum Schwarzer Menschen definiert. Das wiederum verlangt eine ganz besondere Feinfühligkeit Schwarzen Menschen gegenüber, unter anderem werden gesellschaftlich etablierte Erfolgs- und Verhaltensstandards extra für sie aufgehoben.

Innerhalb dieses Paradigmas verdienen es alle, die sich ihrer Existenz als weiße Person als einer lebenslangen Schuld nicht ausreichend bewusst sind, bitter verurteilt und ausgegrenzt zu werden, und zwar in einem derart obsessiv-abstrakten Grad, dass es den meisten Beobachterinnen und

Beobachtern nicht gerade leichtfällt, dem irgendeinen Sinn abzugewinnen. Für Leute links der Mitte stellt sich die Frage, seit wann und warum sie als rückständig klassifiziert werden. Millionen unschuldiger Menschen haben eine Höllenangst davor, ins Visier einer Rotte eifernder Inquisitorinnen und Inquisitoren zu geraten, die in unserer heutigen Gesellschaft so gut wie jede Äußerung, jedes Vorhaben und jede Errungenschaft zu überwachen scheint.

Man könnte jetzt fragen, warum ich es für ein so schwerwiegendes Problem halte, dass das Leben einer Food-Kolumnistin, einer Pflegeschulleiterin und eines Datenanalysten von dieser Bewegung aus der Bahn geworfen wurde. Aber ich schreibe hier nicht über Dinge, die einigen wenigen Pechvögeln zustoßen, sondern über eine im innersten Gewebe der Gesellschaft wirksame Dynamik. Auch wer heute einfach nur seinen Job macht, ist nie gefeit davor, aus heiterem Himmel vom Missionierungsdrang des Third-Wave-Antirassismus erwischt zu werden.

Unschuldige verlieren ihren Job. Akademische Forschung bekommt einen gewissen Farbschlag, wird auf andere Wege geleitet und manchmal wie von rankenden Kudzu-Bohnen erstickt. Wir sehen uns gezwungen, den Großteil unserer öffentlichen Diskussionen zu drängenden Themen in einer Doppelzüngigkeit zu führen, die schon ein zehnjähriges Kind durchschaut. Damit die Zehnjährigen nicht die ganze Show auffliegen lassen, sehen wir uns gezwungen, ihnen beizubringen, im Namen der Aufklärung an spitzfindige Sophistik zu glauben. Der Third-Wave-Antirassismus-Guru Ibram X. Kendi hat ein Buch darüber geschrieben, wie man Kinder antirassistisch erzieht. Es heißt *Antiracist Baby.* (Prima Titel, bringt die Sache recht schlicht auf den Punkt.) Das und manches andere sind Anzeichen dafür, dass uns die dritte Welle des Antirassismus zwingt, so zu tun, als sei Performance-Kunst Politik. Diese neue Ausprägung des Antirassismus verdonnert uns dazu, endlos viel Zeit darauf zu verwenden, uns als Weisheit verkauften Nonsens anzuhören und in aller Öffentlichkeit so zu tun, als fänden wir das gut.

Mein Podcast-Partner, der Wirtschaftswissenschaftler Glenn Loury, und ich bekommen massenhaft Post von Promovierenden und von Professorinnen und Professoren, die Angst davor haben, dass die neue Ideologie ihre Karrieren, ihre Fachbereiche oder ihre Forschungsfelder kaputt macht. Sie wenden sich auch an andere Organisationen, oft von privaten Mailadressen aus, damit sie an ihren Instituten nicht aufgespürt und entlarvt werden können. Menschen an einflussreichen Stellen werden regelmäßig ihrer Posten enthoben, weil es Anschuldigungen oder Petitionen gibt, weil sie angeblich unzureichend antirassistisch sind. Quer durchs Land zwingen Schulbehörden Lehrkräfte und Verwaltungen, in den Lehrplänen Zeit zu verschwenden mit Antirassismusspritzen, die nicht mehr Sinn ergeben als das, was während der Kulturrevolution in China angeordnet wurde. Wussten Sie schon, dass Objektivität, Pünktlichkeit und das geschriebene Wort weiß sind? Und dass Sie, wenn Ihnen das abwegig erscheint, gemeinsame Sache machen mit George Wallace, Bull Connor und David Duke?

Erst 2008 schrieb Christian Lander in *Stuff White People Like* mit trockenem Humor, dass eine bestimmte Sorte weißer Menschen, die gern zu Filmfestivals geht und Secondhand-T-Shirts trägt, auch mit Vorliebe »beleidigt ist«. Wenn man dieses Kapitel nur zwölf Jahre später erneut liest, ergreift einen ein Schauder. Denn die Sorte Mensch, von der Lander spricht, könnte sich angegriffen fühlen und zu einer geifernden Tirade darüber ansetzen, wie wenig lustig es sei, wenn Menschen die Vorherrschaft der Weißen, die *White Supremacy*, sowie die ›Komplizenschaft‹ der Weißen mit dieser Dominanz zu dekonstruieren versuchten. Schriebe Lander sein Buch heute, würde er diesen Witz sehr wahrscheinlich nicht drinlassen. Und das wiederum ist ein Indiz dafür, wie massiv sich die Stimmung in jüngster Zeit verändert hat. Von denjenigen, auf die Lander sich bezog, bilden einige eine kritische Masse und sind nicht länger schweigend stolz auf ihr aufgeklärtes Wissen um die Dinge, die sie empörend finden, sondern sehen es heute als ihre Pflicht, diejenigen zu verurteilen und zu meiden (Schwarze Menschen eingeschlossen), die nicht im gleichen Maße empört sind wie sie.

Manche mögen das für eine bloße Frage von Habitus und Feinabstimmung halten. Aber der Third-Wave-Antirassismus fügt Schwarzen Menschen im Namen seiner Leitimpulse regelrecht Schaden zu. Er beharrt darauf, dass es Rassismus ist, wenn Schwarze Jungen unter den wegen Gewalt an der Schule suspendierten oder verwiesenen Schülerinnen und Schülern überrepräsentiert sind, was – in Politik rückübersetzt – nachgewiesenermaßen zu einem dauerhaften Gewaltproblem an den Schulen und zu schlechteren Noten geführt hat. Der Third-Wave-Antirassismus beharrt darauf, dass es Rassismus ist, wenn Schwarze Kinder an den New Yorker Schulen, die ihre Schülerinnen und Schüler über einen standardisierten Leistungstest zulassen, unterrepräsentiert sind. Er fordert von uns, dieses Testverfahren über Bord zu werfen – statt Schwarze Schulkinder an die Hilfsangebote (viele davon kostenlos) heranzuführen, die sie auf den Test vorbereiten, oder wieder mehr Stipendienprogramme aufzusetzen, die nur eine Generation zuvor viele Schwarze Kinder an genau diese Schulen brachten. Dass das im Endergebnis zu einer geringeren Bildungsqualität an den Schulen führen wird – und zu Schwarzen Schülerinnen und Schülern, die weniger gut darauf vorbereitet sind, den für spätere Prüfungen notwendigen Denkmuskel zu trainieren –, wird als nebensächlich betrachtet.

Die dritte Welle des Antirassismus mit ihrem extrem scharf gestellten Fokus auf einen stark vereinfachten Begriff davon, was Rassismus ist und was dagegen getan werden kann, gibt sich damit zufrieden, Schwarzen Menschen zu schaden, und zwar im Namen von etwas, das sich nur als Dogma bezeichnen lässt.

Um das konkreter werden zu lassen, kommen hier nun einige Aussagen, die alle Gläubigen des Third-Wave-Antirassismus tief bewegen und die sie sofort unterschreiben würden. Wenn man diese Aussagen aber auf ihren Kern herunterbricht und einander direkt gegenüberstellt, sagen sie allerdings so gut wie gar nichts mehr aus:

1.	Wenn Schwarze Menschen sagen, Sie hätten sie beleidigt, entschuldigen Sie sich mit tiefer Aufrichtigkeit und viel schlechtem Gewissen.	Bringen Sie Schwarze Menschen nicht in die Lage, von ihnen zu erwarten, dass sie Ihnen vergeben. Sie haben viel zu viel erlitten, als dass man das von ihnen erwarten dürfte.

2.	Gehen Sie nicht davon aus, dass alle Schwarzen Menschen Hiphop mögen, gut tanzen können, etc. pp. Schwarze Menschen sind ganz unterschiedliche Individuen. *Black Culture* ist das Codewort für ›pathologisch primitive Ghetto-Bewohner‹.	Erwarten Sie von Schwarzen Menschen nicht, sogenannte weiße Sozialnormen zu übernehmen, schließlich haben Schwarze Menschen eine ganz eigene Kultur.
3.	Zu Rassismus zu schweigen ist Gewalt.	Die Stimme der Unterdrückten muss lauter zu hören sein als Ihre eigene.
4.	Sie müssen ewig danach streben, die Erfahrungen Schwarzer Menschen zu verstehen.	Sie werden nie verstehen, wie es ist, Schwarz zu sein; und wenn Sie sich das einbilden, ist das rassistisch.
5.	Zeigen Sie Interesse an Multikulturalismus.	Finger weg von kultureller Aneignung! Was nicht zu Ihrer Kultur gehört, ist nichts für Sie; Sie sollten es weder probieren noch tun.
6.	Unterstützen Sie Schwarze Menschen darin, eigene Räume für sich zu schaffen, und halten Sie sich daraus fern.	Streben Sie danach, Schwarze Freunde zu haben. Haben Sie keine, sind Sie Rassist oder Rassistin. Wenn Sie behaupten, welche zu haben, sollten es schon wirklich gute Freunde sein – sonst nämlich besetzen Sie ihren privaten Raum, in dem Sie nichts zu suchen haben.

7.	Wenn Weiße aus Schwarzen Wohnvierteln wegziehen, ist das *White Flight*, die weiße Fluchtbewegung.	Wenn Weiße in Schwarze Wohnviertel ziehen, ist das Gentrifizierung, auch wenn die Schwarzen Bewohnerinnen und Bewohner viel Geld für ihre Häuser und Wohnungen bekommen.
8.	Wer als weißer Mensch nur Beziehungen mit Weißen eingeht, ist ein Rassist beziehungsweise eine Rassistin.	Wer als weißer Mensch auch Schwarze datet, exotisiert, wenn auch oft unbewusst, das große ›Andere‹.
9.	Schwarze Menschen dürfen nicht für alles verantwortlich gemacht werden, was andere Schwarze Menschen tun.	Allen Weißen muss bewusst sein, dass sie persönlich verstrickt sind in die historisch gewachsene Perfidie von ›Weißsein‹.
10.	Um eine repräsentative Anzahl von ihnen im Seminarraum zu haben sowie die Meinungsvielfalt zu gewährleisten, müssen Schwarze Studierende über angepasste Noten- und Testergebnisstandards Zugang zu Hochschulen erhalten.	Davon auszugehen, dass Schwarze den Studienplatz nur aufgrund ihrer Hautfarbe bekommen haben, ist Rassismus. Genauso rassistisch ist es, von ihnen zu erwarten, bei Diskussionen im Seminarraum die ›diverse‹ Sichtweise zu repräsentieren.

Ich gehe davon aus, die meisten wissen tief in ihrem Inneren, dass nichts an diesem Katechismus der Widersprüche irgendeinen Sinn ergibt. Weniger offensichtlich ist, dass er eben auch nicht unter der Maßgabe zusammengestellt wurde, logisch zu sein.

Ist die Idee dann, den glücklichen Mittelweg zwischen den beiden Polen zu finden? Aber diejenigen, die diese Litanei über das *Race*-Ding verbreiten, würden niemals zulassen, dass ein solcher Mittelweg tatsächlich gefunden würde. Das wissen wir zum einen deswegen, weil die Glaubensverkündigerinnen und -verkünder ihn seit Jahrzehnten nicht finden. Zum anderen gibt es einen noch viel offensichtlicheren Grund: Zwischen diesen Polen lässt sich schlicht kein logischer Mittelweg finden.

Warum erheben so viele kluge Menschen diese Glaubenssätze zur Weisheit? Der Grund dafür kann nicht Logik sein, weil sie einfach nicht logisch sind. Der Grund dafür ist, dass diese Lehren einem anderen Zweck dienen als dem, den sie vorgeblich haben.

Nämlich: Jede einzelne Komponente ist dazu da, weiße Menschen als Rassistinnen und Rassisten zu verurteilen. Wer sich entschuldigt, offenbart den eigenen Rassismus; wer sich allerdings weigert, sich zu entschuldigen, legt ebenfalls Rassismus an den Tag. Wer sich nicht für Schwarze Kultur interessiert, offenbart den eigenen Rassismus. Wer sich mit Schwarzer Kultur beschäftigt und beschließt, rappen oder Dreadlocks tragen zu wollen, legt allerdings ebenfalls Rassismus an den Tag. Dieser Lehrplan ist einzig und allein dafür da, Rassismus zu enthüllen. Das und nichts anderes ist seine Intention. Deswegen wird es auch als irrelevant betrachtet, dass sich die Maximen dieser Lehre, wenn man nur etwas länger über sie nachdenkt, gegenseitig annullieren. Prioritär und geradezu sakrosankt ist, dass sie ihrem wahren Zweck Genüge tun und Menschen als Rassistinnen und Rassisten entlarven.

Genauer gesagt: Diese Glaubenssätze haben die Aufgabe, dem Stützpfeiler, dem Leitgedanken der neuen antirassistischen Religion Ausdruck zu verleihen. Das wird selten klar und deutlich gesagt, hat aber doch entscheidenden Einfluss auf die lebenspraktischen und ethischen Ansichten ihrer Anhängerinnen und Anhänger. Zugespitzt klänge die Predigt des Third-Wave-Antirassismus par excellence wie folgt:

> Der Kampf gegen die Herrschaftsverhältnisse und ihre diskriminierenden Effekte muss im Mittelpunkt allen menschlichen Strebens stehen, sei es intellektuell, moralisch, bürgerschaftlich oder künstlerisch. Alle, die sich diesem Ziel widersetzen oder auch nur unzureichend überzeugt davon zu sein scheinen, müssen in aller Schärfe verurteilt, ihres Einflusses enthoben und geächtet werden.

Dieser strikte Fokus auf die Bekämpfung von Machtungleichgewichten mag einem seltsam einseitig erscheinen. Keine Frage: Machtmissbrauch findet ständig statt und ist für endlos viel Leid verantwortlich. Eine aufgeklärte Gesellschaft muss sich stets damit auseinandersetzen und versuchen, das zu ändern. Vor dem Hintergrund aber, dass es im menschlichen Leben und Streben noch Millionen andere Dinge gibt, ist die Forderung, die Eliminierung von Machtungleichheit ins Zentrum aller nur denkbaren Aktivitäten im Leben zu stellen, eine radikale Position.

Mir ist diese Weltsicht schon recht früh in meiner akademischen Laufbahn begegnet, aber ich habe lange gebraucht, bis ich die vielen Konflikte, in die ich während meiner Arbeit als Sprachwissenschaftler (der auch über *Race* arbeitet) geraten bin, als Variationen über das immergleiche Problem erkennen konnte. Schon seit Langem bieten die Geistes- und Sozialwissenschaften Leuten Zuflucht, die die Aufgabe ihrer Fachrichtung darin sehen, gegen Machtstrukturen zu kämpfen, *to fight the power.* Einen ersten Eindruck davon bekam ich, als eine Promotionsstudentin einen Vortrag über *My Fair Lady* hielt, in dem sie feststellte, dass Higgins mehr Redeanteile hat als Eliza und darum Macht über die Geschichte besitzt. Sie brachte uns bei, immer zu fragen: Wer spricht? Diese Perspektive hat gewiss ihre Richtigkeit, aber dass man, wenn einem die Musik oder der Witz von *My Fair Lady* gefallen, schon in die Falle getappt ist, ja, dass man als aufgeklärter Mensch auf das Stück herabzuschauen hat, weil es die Geschichte von der brutalen Unterdrückung einer Unterschichtsfrau durch einen herrischen, ältlichen, gelehrten Mann ist, konnte ich in seiner verallgemeinernden Form nie so ganz verstehen.

Damals allerdings betrieb nur eine Minderheit diese Art von Analyse. Alarmistischer Journalismus stellte die Universitäten dar als von »unkündbaren Radikalen« überrannt, aber das war grob überzeichnet. Diese Sorte Ideologie war eines von vielen Gerichten, aus denen man sich am universitären Büfett seine Mahlzeit zusammenstellte. Das Problem ist, dass diese reduktive, anklagende und letzten Endes freudlose Art des Denkens heute kurz davorsteht, nicht nur die Hochschulen, sondern die US-amerikanische Kultur im Großen und Ganzen einzunehmen.

Fraglos ist eines der größten Machtungleichgewichte in unserer Gesellschaft durch Rassismus bedingt. Es liegt an dieser brennen-muss-Salem-artigen, religiösen Verbissenheit, ihn ›bekämpfen‹ zu wollen, dass die Exkommunizierung von Alison Roman, Leslie Neal-Boylan und David Shor so vielen Menschen, die eigentlich bei klarem Verstand sind, notwendig und sinnvoll erschien.

Natürlich ergibt der Katechismus der Widersprüche keinerlei Sinn, aber das tut die Bibel ja auch nicht. Für die Antirassistinnen und Antirassisten der dritten Welle ist der vorrangige Sinn und Zweck unserer Gesellschaft, Weiße in ihrem Rassismus vorzuführen und klarzumachen, dass alle um dieses Faktum wissen. Sollten sich hierbei zufällig kognitive Dissonanzen auftun, muss darüber nicht weiter gesprochen werden, denn Antirassismus ist einfach alles – egal ob logisch oder nicht.

Wieso kommen sie damit durch?

Mit etwas Abstand betrachtet wirken die Thesen und Forderungen der dritten Welle des Antirassismus wie eine exzentrische Performance von Leuten, die sich wünschen, die späten 1960er Jahre nicht verpasst zu haben, und die jetzt sauer sind, dass so viel Basisarbeit schon erledigt ist. Sie sehnen sich nach dem gerechten Zorn und dem herzerwärmenden Gefühl von Sinn und Zugehörigkeit von damals. Da aber die realen Umstände heute keine Rechtfertigung mehr bieten für die Ansichten und Strategien von 1967, werden Übertreibungen und sogar Lügen unausweichlich.

In einem alternativen Universum wären diese Leute in etwa so unbedeutend wie die Yippies mit dem Hanfblatt auf ihrer Flagge, den Tortenwürfen in die Gesichter anderer Menschen und dem Versuch, das Pentagon durch psychische Kraft schweben zu lassen. Als Bewegung waren die Yippies eine Randerscheinung, hier und da einen kurzen Seitenblick wert, und gelegentlich sorgten sie für eine Spur erhöhtes Bewusstsein. Aber im Großen und Ganzen waren sie irrelevant, und das aus gutem Grund. Der Unterschied zu heute ist, dass der Third-Wave-Antirassismus eine bestimmte Waffe im Arsenal hat, die ihm übergroße Macht verleiht, eine Waffe, die deutlich wirksamer ist als eine Sahnetorte.

Ironischerweise ist diese Waffe gerade deswegen so todbringend, weil sich in den vergangenen Jahrzehnten ein echter und unschätzbar wertvoller Wandel in unserer soziopolitischen Textur vollzogen hat. Dieser Wandel hat es mit sich gebracht, dass es für moderne Amerikanerinnen und Amerikaner fast gleichbedeutend ist, ob sie des Rassismus oder der Pädophilie bezichtigt werden. Viele überaus wichtige Menschen haben dafür gekämpft, und kaum jemand wünscht sich wohl, sie hätten das nicht getan. Das Problem ist nur, dass die Antirassistinnen und Antirassisten der dritten Welle jetzt Trittbrettfahrer dieses Erfolgs sind. Das wichtigste Tool in ihrem Werkzeugkasten ist es nämlich, alle, die nicht ihrer Meinung sind, als Rassistinnen und Rassisten zu schmähen – oder sie mit dem noch potenteren Kunstwort unserer Zeit – der *White Supremacy*, dem weißen Suprematismus – zu belegen. Wer diesen Vorwurf zurückweist, erhärtet ihn, so sagt man uns. Und ist er erst erhoben, bleibt er an einem haften, als habe man sich in den Tentakeln eines riesigen Kraken verfangen. Eine Sahnetorte kann man immerhin abwaschen.

Wir brauchen nicht zu unterstellen, dass die Antirassistinnen und Antirassisten der dritten Welle aus zynischen

Beweggründen und um des Machtgewinns willen handeln. Man werfe nur einen Blick auf das Familienmitglied, den Nachbarn oder die Mitarbeiterin, die so denken, man höre ihnen zu und frage sich, ob es bei ihnen Anzeichen für Machthunger gibt. Third-Wave-Antirassisten sind Verächter von Rassismus, aber das sind ja die meisten von uns. Im Namen des Rassismus wollen sie aber noch eine ganze Menge mehr, und zwar hoffnungslos schwer Umzusetzendes, durch und durch Idealistisches oder schlichtweg auch Gemeines. Dass ihre Position allerdings einen derart wackeligen Stand hat, gereicht ihnen unter derzeitigen Bedingungen nicht zum Nachteil. Was daran liegt, dass sie jederzeit losschreien können: »Du bist ein Rassist!« Und dass sie das auch tun.

Für die allermeisten ist es heute derart unerträglich, als Rassist bezeichnet zu werden, dass sie lieber ein klein wenig kognitive Dissonanz aushalten und einknicken. Das hätte, sagen wir, 1967 nicht so gut funktioniert. In den USA von damals hätten viele Weiße, die von solchen Leuten als Rassisten bezeichnet worden wären, wahrscheinlich nur einen Schluck von ihrem Cocktail genommen und gesagt: »Das sehe ich aber gänzlich anders.« Oder: »Fuck you!« Heute aber liegen die Dinge anders, und das hat ironischerweise mit dem Fortschritt zu tun. Inzwischen ergreift die meisten bei der Aussicht, als intolerante, vorurteilsbehaftete Menschen geoutet zu werden, ein hoffnungsloser Schauder, weswegen Third-Wave-Antirassisten immer am längeren Drücker sind, und zwar nur wegen dieser einen Waffe, über die sie verfügen. Obwohl ihre Philosophie insgesamt wohl kaum die von ihnen behauptete biblische Vollkommenheit hat, macht diese eine Sache, die sie zu ihrer Verteidigung tun können und tun werden, aus uns zitternde Wracks. Und deswegen gewinnen sie.

Diejenigen, die diese Ideologie wie eine Waffe führen und dabei zusehen können, wie ihr Einfluss ständig größer wird, denken ernsthaft, etwas im Sinne des Fortschritts zu tun, sie glauben, Vernunft und Moral stünden in schönster Blüte. Eine Gesellschaft verändert sich aber nicht deswegen, weil es einen aufkeimenden Konsens über ethische Details gibt. Das, was gerade passiert, ist deutlich primitiver. Unsere Gesellschaft verändert sich nicht aufgrund eines neuen Konsenses, sondern aufgrund von Angst. Es ist die Angst eines Kindes, das sich unter der drohenden Ohrfeige wütender Eltern wegduckt, und die Angst des Leibeigenen, der den Kopf einzieht vor dem drohenden Hieb mit der Knute, der ihn entstellen wird. Die Solidaritätsadressen von so gut wie jeder Institution, die Social-Media-Selfies von Leuten, die gerade *Wir müssen über Rassismus sprechen* lesen und »an sich arbeiten«, alle, die so tun, als setzten sie sich mit der Idee auseinander, dass die exakten Wissenschaften sich »diverseren Zugängen öffnen« und die Pflicht zu Genauigkeit und Empirie fallenlassen sollten: All das ist nicht das Ergebnis von Aufklärung, sondern von schierem Terror. Wir sind zu einer Nation kluger Menschen geworden, die zu Protokoll geben, »es kapiert zu haben«, während sie sich gleichzeitig in die Hose machen.

Unschön, aber wahr. Der Third-Wave-Antirassismus macht sich die Angst moderner Menschen zunutze, für Rassistinnen und Rassisten gehalten zu werden, und propagiert damit nicht nur Antirassismus, sondern betreibt eine zwanghafte, egozentrische, totalitäre und absolut überflüssige kulturelle Umprogrammierung. Man könnte meinen, dieses seltsam grimmige Kabuki-Theater sei die Fortsetzung der Bürgerrechtsbemühungen von einst, der einzig vorstellbare neue Antirassismus. Denn seine Anhängerinnen und Anhänger, die heute in den angesehensten und einflussreichsten Institutionen des Landes sitzen, predigen ihn mit einer derart verachtungsvollen Empörung, dass sie an ihren guten Tagen schrecklich korrekt wirken können.

Und lassen wir sie gewähren?

Die Frage ist: Kuschen wir und spielen mit? Oder begreifen wir, dass diese Leute mit ihrer Vorstellung von einem fremden, bis ins Mark bösartigen Weißsein, ihrem simplifizierenden Begriff davon, was es bedeutet, Schwarz zu sein, und ihrer holzschnittartigen Wir-gegen-sie-Idee von gesellschaftlichen Zusammenhängen – als wären wir immer noch rivalisierende Gruppen von Australopithecina – gruselig nah an Hitlers Rassenlehre herankommen?

Viele werden dieses Buch kritisieren, weil es darin doch um nicht allzu viel Virulentes geht. Aber wenn das stimmt: Warum lesen Sie es? Sie lesen es, weil diese Religion Sie langsam verrückt macht, weil Sie wissen wollen, was zum Teufel es damit auf sich hat und was man dagegen tun kann.

Sie erinnern sich an die erste Welle des Antirassismus und denken an Rassentrennung als damalige Barbarei. Sie haben recht.

Sie erinnern sich an die zweite Welle des Antirassismus, die ungefähr dem entspricht, was Gloria Steinem und Betty Friedan für den Feminismus getan haben, und denken, wir sollten uns alle darum bemühen, dass Schwarze Menschen gleichberechtigt sind mit Weißen und alles bekommen, was Weißen zusteht. Sie haben recht.

Und dann sehen Sie die dritte Welle des Antirassismus und bekommen gesagt, Sie hätten die moralische Verpflichtung, früher als progressiv geltende, normale Aussagen wie »Hautfarbe spielt für mich keine Rolle« als rassistisch wahrzunehmen. Dass Sie sich als Weiße selbst verachten sollen, weil alles, was Sie tun, ständig von Ihren weißen Privilegien, dem *White Privilege*, befleckt ist. Dass Sie auch Rassismusvorwürfe von Schwarzen Menschen, die keinen wirklichen Sinn ergeben, hinnehmen müssen. Und dass Sie, wenn Sie Schwarz sind, so tun müssen, als seien solche Vorwürfe unantastbar, weil die Essenz Ihres Lebens ja Unterdrückung ist.

Und egal, welche Hautfarbe Sie haben: Weil es um das Erkennen von ›Macht‹ geht, sollen Sie Menschen nach *Race*-Kategorien klassifizieren, also genau das tun, was Sie laut erster und zweiter Welle des Antirassismus eben gerade *nicht* tun sollten. Dazu gehört auch, dass Sie dabei zusehen müssen, wie Ihren Kindern und Enkelkindern genau das beigebracht wird, völlig ungeachtet der Tatsache, dass beim Thema Rassismus in den letzten fünfzig Jahren derartige Fortschritte erzielt wurden, dass sich ein Verfechter der Rassentrennung alter Schule, den man wieder auferstehen und durch die heutigen USA laufen ließe, sogar in den tiefsten Südstaaten am Straßenrand übergeben müsste. Da kommen Sie jetzt nicht mit. Zu Recht.

Sie fragen sich, was in Gottes Namen dieses neue Ding ist, dem Sie sich da beugen sollen, sei es beim Elternvertretertreffen, auf ihrer früheren Lieblingsnachrichtenseite im Internet, beim Radiohören oder beim *Diversity Training*, dem Sie sich in Ihrer Firma unterworfen haben und bei dem Ihrer Wahrnehmung nach nichts weiter passiert, als dass leere Mantras wiedergekäut werden. Oder wenn Sie lieber nichts sagen, wenn jemand bei einer fröhlichen Familienfeier beiläufig erzählt, die fünfte Klasse habe gerade eine Autorin aus dem Unterrichtsstoff geschmissen, deren Ansichten Sie eigentlich immer überzeugt haben.

All das brennt und juckt wie eine Wimper, die sich hinter Ihrer Kontaktlinse verklemmt hat. Diese Leute denken, Selbstkasteiung sei politischer Aktivismus – aber das stimmt nicht! Sie denken, Schwarzsein bedeute einzig und allein Unterdrückung durch Weiße – auch das stimmt nicht! Sie glauben, Schwarze Menschen müssten insgesamt mit der drohenden Rückkehr ihrer Entrechtung fertigwerden, weil die Republikaner – obwohl Schwarze Frauen bei der Wahl von Joe Biden und seiner Schwarzen Vizepräsidentin ausschlaggebend waren – die Schwarze Wahlbeteiligung künstlich drücken, um die Zahl der für die Demokraten abgegebenen Stimmen zu senken – auch falsch! Aber wenn Sie es wagen, zu einem echten Gegenschlag auszuholen, werden Sie in den sozialen Medien als Rassistin oder Rassist gebrandmarkt.

Ob Schwarz oder nicht: Sie sind nicht verrückt, wenn Sie bemerken, dass dieses finstere doppelzüngige Gerede nicht zieht. Sie haben die Aufgabe, Ihre Ohren vor diesem gefühlten verbalen Ju-Jutsu jener Leute zu verschließen, deren selbstempfundene Bedeutung darin gründet, die Vernunft zu leugnen und Menschen, die schon genug durchgemacht haben, beizubringen, ihre Identität rund um eine einstudierte Opferrolle zu stricken.

Natürlich behaupten sie, es ginge ihnen um »soziale Gerechtigkeit«, womit sie uns weismachen wollen, wir wären gegen soziale Gerechtigkeit. Tappen Sie nicht in diese Falle. Sie beziehen sich mit diesem Begriff auf ihr sehr spezielles, fragwürdiges Konzept von sozialer Gerechtigkeit. Wenn sie uns also fragen, ob wir etwas gegen soziale Gerechtigkeit hätten, ist das nichts als ein schmutziger Trick.

Wir brauchen dringend ein knackiges Label für dieses problematische Völkchen. Als *Social Justice Warriors* werde ich sie nicht bezeichnen. Dieses Etikett ist ungeeignet, weil abwertend, genauso wie ›der woke Mob‹. Eine zentrale Erkenntnis, die ich in diesem Buch hoffentlich vermitteln kann, ist, dass die meisten dieser Leute keine fanatischen Eiferer sind. Die meisten von ihnen sind durchaus nette Menschen. Sie sind deine Nachbarin, dein Freund, möglicherweise sogar deine Kinder. Sie sind freundliche Schuldirektoren, Menschen, die still im Verlagswesen arbeiten, oder Kolleginnen in der Anwaltskanzlei. Sie sind Bücherwürmer, gute Köche oder Musikerinnen. Leider werden sie aufgrund ihres schmalen, aber wirkmächtigen Themenspektrums zu Inquisitoren.

Ich habe in Erwägung gezogen, sie einfach so zu nennen: ›Die Inquisitoren‹. Aber auch das ist gemein. Und am Gemeinsein habe ich kein Interesse; ich möchte diese Leute lieber umgehen, damit wir endlich wirklich vorankommen.

Und doch wäre dieser Titel durchaus eine stimmige Metapher gewesen, denn ihre Ideologie behindert das Vorankommen ganz konkret.

Den treffendsten Begriff für sie hat der Autor und Essayist Joseph Bottum gefunden, und ich werde ihn hier übernehmen. Ich werde diese Leute *Die Erwählten* nennen. Sie halten sich selbst für Trägerinnen und Träger einer Weisheit, die ihnen aus einer Vielzahl von Gründen zuteilgeworden ist – aufgrund ihrer Empathiefähigkeit, ihrer Lebenserfahrung, vielleicht sogar ihrer Intelligenz. Und sie halten sich gewissermaßen für auserwählt, denn sie haben etwas begriffen, was die meisten nicht begreifen. Dieser Name lässt gleichzeitig eine gewisse Selbstgefälligkeit mitanklingen, was gut ist, denn diese gehört traurigerweise ins Bild. Außerdem bringt er die betreffenden Leute vielleicht zum Nachdenken darüber, ob sie sich wirklich auf diese Weise überlegen fühlen. Die meisten von ihnen werden das natürlich abstreiten. Aber sollte sich die Bezeichnung etablieren, mit all ihrer Ironie, werden sich eventuell einige von ihnen veranlasst sehen, sich gegen sie zu wehren, was über die Zeit gesehen zumindest einige dazu bringen könnte, die Exzesse ihrer Philosophie etwas einzuhegen – genau wie Ende der 1980er Jahre, als viele sich nicht mehr damit identifizieren konnten, allzu ›politisch korrekt‹ zu sein.

Am wichtigsten aber: Wenn man diese Leute als Erwählte bezeichnet, ergibt sich ein schönes, überaus passendes Retro-Flair à la *The Da Vinci Code – Sakrileg*. Denn die wilde Entschlossenheit, mit der heutige Erwählte ihre Ansichten für sakrosankt halten, stimmt überein mit der Überzeugung, mit der die Menschen vor Jahrhunderten ihre Weltsicht verfochten. Der mittelalterliche Katholik, der die Verfolgung von Juden und Muslimen leidenschaftlich verteidigte, tat das aus Gründen, die, wie wir heute wissen, in nicht ganz so hehren Facetten des Menschseins wurzelten. Spontan finden wir diese altertümlichen Inquisitoren heute sehr, sehr befremdlich. Aber wir sind hier und jetzt konfrontiert mit Leuten, die exakt denselben missionarischen Eifer an den Tag legen, nur dass er sich gegen andere Personen richtet.

Im Jahr 1500 richtete er sich gegen Nicht-Christen. 2020 richtet er sich gegen alle, die nicht genügend antirassistisch sind. Die heutigen Kämpferinnen und Kämpfer unterstellen, dieses Anliegen sei intellektuell und moralisch avancierter als die Antipathie gegen Ketzer, Juden oder Muslime. Sie sehen nicht, dass auch sie Menschen verfolgen, die nicht ihres Glaubens sind.

Kleine Grammatikstunde zu meiner Benutzung des Begriffs:

> Wir werden von *den Erwählten* verunsichert und verletzt.
>
> Derjenige, der uns bedroht, ist *ein Erwählter.*
>
> Wir müssen lernen, zu erkennen, ob jemand *Erwählt* ist.
> Ist sie *Erwählt*?
>
> Hat sie etwas *Erwähltes* gesagt? Achten Sie darauf.
> Gibt sie noch mehr *Erwähltes* von sich,
> gehen Sie raus aus dem Gespräch.
>
> Er ist mir mit diesem ganzen *Erwählten Zeug* gekommen.
>
> Die waren voll auf ihrem *Erwählten*-Film.

Natürlich äußert sich Erwähltsein in vielen Facetten. Da sind zum einen die besonders missbräuchlich agierenden Erwählten Ideologinnen und Ideologen. Manche fühlen sich wohl dabei, Menschen persönlich zu verletzen, andere beschränken ihre Boshaftigkeit meist auf die sozialen Medien. Wieder andere legen es nicht darauf an, aktiv gemein zu sein, fühlen sich aber trotzdem wohl mit den Erwählten Geboten, stellen ihre gesellschaftspolitischen Ansichten fest auf diese Grundlage und pflegen nur sehr ungern gesellschaftlichen Umgang mit Menschen, die anderer Meinung sind. Die offen beleidigend auftretenden Erwählten lassen sie ungehindert gewähren und verstehen deren Verhalten als eine vielleicht notwendige Unannehmlichkeit auf dem Weg hin zu allgemeiner Aufklärung.

Ich möchte hier nicht behaupten, dass alle Erwählten von der ganz besonders missbräuchlich agierenden Sorte sind; die überwältigende Mehrheit ist das nicht. Diese Geisteshaltung ist kein Fanatismus, sondern mit allen Varianten des menschlichen Temperaments kompatibel. Als Fundamentalistinnen und Fundamentalisten hoffen die Erwählten, dass ihre Frohe Botschaft eines Tages die gesamte Welt erreicht, aber es gibt unter ihnen sämtliche Persönlichkeitstypen, wie bei den Christinnen und Christen, Musliminnen und Muslimen und den Bahais auch. Wir sollten uns den prototypischen Erwählten also nicht wie einen Demo-Schreihals vorstellen. Ebenso wahrscheinlich ist er ein umgänglicher Geselle mit ein, zwei Kindern und einem stillen Lächeln im Gesicht, bei dem man sich nicht im Entferntesten vorstellen kann, dass er sich einer extremistischen, unwissenschaftlichen und tribalistischen Bewegung anschließt. Trotzdem würde ebendieser Mensch, ohne zu zögern, eine Petition unterschreiben, die die Entlassung oder öffentliche Bloßstellung von jemandem fordert, der gegen die Doktrin der Erwählten verstoßen hat.

Wenn wir uns also mit den Erwählten beschäftigen, sollten wir nicht nur Ausschau halten nach Hitzköpfen. Das Herausfordernde an den Erwählten ist ja gerade, dass sie nicht aufdringlicher, arroganter oder im sozialen Umgang ungeübter sind als alle anderen, sondern dass sie einfach nur irgendwelche Leute sind. Das Problem ist der massive und nachhaltige Einfluss, den die feindseliger Eingestellten mittlerweile auf so viele weniger streitlustige, aber genauso ergebene Anhängerinnen und Anhänger gewonnen haben. Die steigende Zahl dieser Menschen und ihre einschüchternden Phrasen bringen diejenigen zum Schweigen, die die Erwählte Philosophie zwar für falsch halten, aber auch keine Lust haben, zerfleischt zu werden. In all ihrer Diversität saugen die Erwählten die Luft aus dem Raum. Das muss aufhören.

Es wird zu hören sein, dies sei ein Buch »gegen Antirassismus« und von daher rassistisch. (Ich kann es schon bildhaft vor mir sehen, wie sie sich abklatschen, die Erwählten.) Aber die meisten von uns sind doch in der Lage, zwischen Antirassismus einerseits und feindselig eingestelltem Antirassismus andererseits zu unterscheiden. Letzterer stellt Menschen für Dinge an den Pranger, die noch vor zehn Jahren für Bagatelldelikte oder nicht erwähnenswert gehalten worden wären. Seine Anhängerinnen und Anhänger schaden Schwarzen Menschen, politisch und konkret: Indem sie Schwarze explizit unterstützen, wollen sie eigentlich nur anderen zeigen, dass sie ein Bewusstsein für die Existenz von Rassismus haben. Feindselig gesinnte Antirassistinnen und Antirassisten tun so, als würden die USA beim Thema Rassismus nie echte Fortschritte machen. Das wollen sie insgeheim auch gar nicht, denn dann würde ihnen ja der Lebenszweck genommen. Wir müssen diese Menschen sehen als das, was sie sind: Mitglieder einer Sekte, die ›Die Erwählten‹ heißt.

Auf den Punkt gebracht:

Was sind das für Leute, die so etwas tun? Religiöse Fundamentalistinnen und Fundamentalisten.

Wieso kommen sie damit durch? Weil sie uns Angst machen, indem sie uns in aller Öffentlichkeit als Ketzerinnen und Ketzer schmähen.

Und lassen wir sie gewähren? Nicht, wenn wir unsere intellektuelle, moralische und künstlerische Kultur davor bewahren wollen, von etwas erstickt zu werden, das kein gesellschaftspolitisches Programm, sondern eine Religion ist. Denn die Erwählten agieren auf der Basis einer neuen Religion, die direkt vor unseren Augen, in unserer heutigen Zeit entsteht. Mit diesem Punkt werde ich mich im nächsten Kapitel eingehender befassen.

Hören Sie nicht auf diejenigen, die Ihnen sagen, diese Religion sei doch gar nicht wichtig. Machen Sie sich nichts vor: Diese Leute haben es auf Ihre Kinder abgesehen.

2 / Die neue Religion

Um es klar und deutlich zu sagen: Meiner Ansicht nach ist die Ideologie dieser Leute nicht nur ›so ähnlich wie‹ eine Religion. Ich ziehe diesen Vergleich nicht als rhetorisches i-Tüpfelchen. Für mein Dafürhalten ist diese Ideologie tatsächlich eine Religion. Ein Anthropologe würde zwischen der Pfingstbewegung und dieser neuen Spielart von Antirassismus typologisch keinen Unterschied erkennen. Sprache ist immer ungenau, und das Wort ›Religion‹ beschränkt sich in unserer Benutzung schon seit Langem auf bestimmte Arten von Ideologie, nämlich auf solche, die auf Schöpfungsmythen gründen, sich auf alte Schriften stützen und den Glauben an gewisse Dinge jenseits der empirischen Erfahrbarkeit voraussetzen. Das aber ist ein Fehler, so ähnlich wie der, Tomaten als Gemüse und nicht als Obst zu bezeichnen. Wenn wir noch einmal zurück auf Los gingen, könnte der Begriff ›Religion‹ ebenso gut für erst vor Kurzem entstandene Denkweisen geltend gemacht werden, nämlich solche, die einen Glauben an Unbeweisbares nicht explizit voraussetzen (auch wenn dieser Glaube, wenn man genauer hinsieht, natürlich trotzdem vorhanden ist). Eine dieser Denkschulen ist die extremistische Ausformung von Antirassismus heute.

Mit dem Aufkommen des Third-Wave-Antirassismus erleben wir die Geburt einer neuen Religion, so wie die Römer zu Zeugen der Geburt des Christentums wurden. Nur wenn man begreift, dass sie Religionsangehörige sind, schafft man es, die Erwählten nicht als schlichtweg verrückt wahrzunehmen. Sie als Anhängerinnen und Anhänger einer Religion zu interpretieren bedeutet nicht, sie wohlig mit Hohn und Spott zu überziehen, sondern im Kern zu verstehen, wer und was sie sind.

Weil sie sich dieser These – verständlicherweise – mit Verve entgegenstellen werden, wird es nicht einfach, die Allgemeinheit von dieser Wahrnehmung zu überzeugen. Aber auch die frühen Christen hielten sich nicht für Angehörige einer Religion, sondern für Trägerinnen und Träger der einen Wahrheit, in Opposition zu allen anderen Glaubenssystemen, wie auch immer sie heißen mochten. Hinzu kommt, dass es den Erwählten nicht zupasskommt, in unserer heutigen Zeit als Religion bezeichnet zu werden, weil sie sich erstens nicht als Gläubige sehen und zweitens fromme Religiosität oft mit Rückwärtsgewandtheit in Verbindung bringen. Außerdem schwingt in dem Begriff das Bild von Menschen mit, die nicht für sich selbst denken können.

Aber egal, wie verständlich ihre Einwände auch sind: Wir sollten uns nicht von ihnen ablenken lassen, sondern die Ärmel hochkrempeln und nach einem Weg suchen, wie es sich unter Menschen leben lässt, die dieser neuen Religion ergeben sind. Ihr Widerstand passt nicht ins größere Bild, in dem es weniger um individuelle Erwählte, sondern vielmehr darum geht, welchen Sinn wir ihrer Denkart abgewinnen, einer Denkart, die von außen betrachtet obsessiv und verletzend zu sein scheint. Um aber diesen Sinnzusammenhang herzustellen, müssen wir sie verstehen – teils aus Mitleid, teils aber auch, um sie nicht unser Leben zerstören zu lassen. Das verhindern wir nur, wenn wir sie nicht als durchgeknallt abtun, sondern als Angehörige einer Religionsgemeinschaft begreifen.

Zu diesem Zweck sollten wir uns genauer anschauen, in welchen Punkten ihre neue Religion klare Gemeinsamkeiten hat mit älteren Religionen. Nur so wird aus einem zunächst großen Durcheinander an schrägen Meinungen und Ansichten etwas relativ Kohärentes.

Die Erwählten sind abergläubisch

Neben einer Reihe verschiedener Grundsätze und Pflichten gehört es zum Wesen einer Religion, auch eine gewisse willentliche Aussetzung der Ungläubigkeit in Kauf zu nehmen.

Bestimmte Fragen gilt es, nicht zu stellen – und wenn doch, dann nur sehr zurückhaltend. Und egal wie unausgegoren: Die Antwort hat akzeptiert zu werden. Ein Christ darf fragen, warum die Bibel an vielen Stellen so widersprüchlich ist oder warum Gott es zulässt, dass schlimme Dinge passieren. Aber seit zwei Jahrtausenden hat niemand auf diese Fragen eine wirklich schlagkräftige Antwort gefunden. Allein der Glaube zählt.

Man internalisiert eine Verhaltensregel und fragt nicht weiter. Man ordnet diese Themen als tiefgründig ein. Damit ein stimmiger Zusammenhang mit rationaler Gedankenführung entsteht, behauptet man, dass sich aus den relevanten Fragen stets nur weitere Fragen ergeben.

Genau diesen Standpunkt setzt auch die Philosophie der Erwählten voraus. Man darf nicht fragen, warum Schwarze Menschen sich so über einen weißen Polizisten aufregen, der einen Schwarzen Mann ermordet hat, obwohl das Risiko für einen Schwarzen Mann, von einem anderen Schwarzen Mann ermordet zu werden, viel größer ist. Wer trotzdem fragt, bekommt nur schwammige Antworten, und weitere Fragen sind unerwünscht. Eine der gängigen Antworten ist, dass Schwarze Communitys sehr wohl gegen Gewalt zwischen Schwarzen protestieren. Aber alle wissen, dass die Empörung über weiße Polizisten viel, viel weitreichender ist. Nach dem März ging es 2020 um nichts anderes mehr. 2020 war der Ärger der Schwarzen Communitys darüber, dass ihre Söhne, Neffen und Cousins sich gegenseitig umbringen, nie Thema. Dabei verzeichnete dieser Trend im Sommer 2020 USA-weit in armen Schwarzen Vierteln neue Rekordzahlen – wie schon in zahllosen Sommern davor.

Gibt es hierfür eine Erklärung? Man bekommt zu hören, Schwarze Männer brächten sich innerhalb einer rassistischen ›Struktur‹ gegenseitig um. Aber als intelligenter Mensch weiß man, dass das nicht die Antwort auf die Frage ist. Eine elegante Antwort wäre: Es macht einen Unterschied, ob man von einem Mitbürger oder einem Vertreter der Staatsgewalt ermordet wird, ganz klar. Aber heißt das, es ist nicht schlimm, wenn wir uns gegenseitig Gewalt antun?

An diesem Punkt bekommt man keine Antwort mehr, sondern nur noch ein Augenrollen. Diese Frage darf schlicht nicht gestellt werden, und die Leute können an dieser Stelle recht explizit werden. Das »Gespräch« über *Race*, das wir, so sagt man uns oft, führen sollen, hat unausgesprochen so zu laufen, dass Schwarze Menschen ihren Kummer äußern und weiße dazu nicken. Wenn wir ihre Gespräche derart beschreiben, widersprechen die Erwählten: »Oh nein, nein, das stellen Sie überspitzt dar!« Aber dann sind sie nicht in der Lage, auch nur eine Sache zu benennen, die sie in besagtem Gespräch lernen könnten und die etwas fundamental anderes wäre als das, was wir Heiden (s.u.) daraus lernen würden. Ein Christ bekommt vielleicht gesagt: »Hauptsache, du glaubst.« Den Erwählten wird beigebracht: »Hauptsache, du bist kein Rassist.« Welche Konsequenzen dieser Glaube für die Menschen hat, für die angeblich gekämpft wird, spielt dabei keine Rolle.

Oder man sagt uns, einer der Hauptgründe, die Standards der Zulassungstests für die Hochschulen variabel zu gestalten, sei es, Diversität zu fördern und in den Seminarräumen die Perspektive von ›diversen‹ Studierenden zu Gehör zu bringen. Aber dann sagen uns diese ›diversen‹ Studierenden andauernd, wie sehr sie es hassen, für die Repräsentation der ›diversen‹ Perspektive im Seminar verantwortlich zu sein. Die Reaktion der Erwählten darauf? Beteiligung im Seminar zu erwarten sei schon per se rassistisch – womit eines der Hauptargumente für die Bevorzugung aufgrund der Hautfarbe in sich zusammenfällt. Wer hier genauer nachfragt, »hat es einfach nicht kapiert«. Wir sollen akzeptieren, dass manche Fragen nur zu immer neuen Fragen führen – und dass wir ab einem gewissen Punkt aufhören sollten, sie zu stellen.

Was man, wenn man zusammenhanglosen Positionen wie diesen doch noch irgendeine verdrehte Logik abgewinnen will, einfach nicht begreift, ist Folgendes: Der Kampf gegen Rassismus darf nur so infrage gestellt werden, dass die Erwählten in ihrem Bild bestärkt werden, eben doch recht zu haben – und sei es auf Kosten von Sinn und Verstand. Und das ist Aberglaube. Wenn wir auf Schwarz-Weiß-Fotos etwas über die Bolschewiken und Stalin von vor einem Jahrhundert erfahren, spötteln wir über deren stark vereinfachende Weltsicht. Was aber erst letzte Woche auf YouTube zu sehen war, und zwar im Namen Schwarzer Menschen in den USA, lassen wir unterwürfig als neues Paradigma durchgehen.

Das alles ist sehr abrahamitisch. So ist es eben mit den Religionen. *Muslim*, *Islam* – im Kern dieser arabischen Wörter stehen die Konsonanten *s-l-m*, die den Begriff der Unterwerfung ausmachen. Man unterwirft sich aber nicht nur einem Gott. Auch den eigenen Unglauben an den Nagel zu hängen ist eine Form der Unterwerfung. Es ist kein Zufall, dass viele weiße Erwählte instinktiv die Hände über den Kopf heben, wenn sie ihr Bewusstsein dafür signalisieren wollen, dass sie über ›weiße Privilegien‹ verfügen. Denken Sie nur daran, wie ein solcher Typ versichert: »Ich weiß, ich bin privilegiert!«, und dabei die Hände hochhält, Innenflächen nach außen, genau wie ein Mitglied der Pfingstbewegung. Vielleicht tun sie in diesem Moment auch ein wenig hip, so, als emulierten sie Schwarze Gestik – was sie nach nur kurzem Nachdenken ganz sicher als »kulturelle Aneignung« verdammen und weit von sich weisen würden. Sie bekunden das Wissen um ihre Privilegien mit dieser Geste deshalb so gern, weil sie vor allen Dingen signalisiert: Ich unterwerfe mich einer Macht, die von oben auf mich herabschaut.

Und dann noch das: Als Erwählte Weiße damit anfingen, bei den Protesten nach dem Mord an George Floyd für längere Zeit auf die Knie zu gehen, um ihre allgemeine *Wokeness* – ihr erwachtes Bewusstsein insbesondere für die rassistischen Strukturen unserer Gesellschaft – zu bezeugen, war das eine Unterwerfung unter Erwählte Imperative. Aberglaube äußert sich oft in ritualisierten Gesten, zum Beispiel indem man sich Salz über die Schulter wirft, um Glück zu haben, oder eben, indem man bestimmte Gebetshaltungen einnimmt.

Die Erwählten haben einen Klerus

Etwas, das im Jahr 2014 für mich nie so ganz aufging, illustriert ganz gut, wie dieser Klerus aussieht. Konkret: Warum wurde Ta-Nehisi Coates' Essay »The Case for Reparations« so begeistert aufgenommen?

Ja, er ist gut geschrieben, aber dass es wirklich Leute gab, die den in *The Atlantic* veröffentlichten Essay in Tränen aufgelöst retweeteten, lag nicht an seinem eleganten Stil. Da war etwas Größeres im Schwange, vor allem vor dem Hintergrund, dass in den Medien erst fünfzehn Jahre zuvor endlos über Entschädigungszahlungen für die Zeit der Sklaverei diskutiert worden war. Unter anderem war Randall Robinsons Bestseller *The Debt* in den USA landesweit eifrig gelesen worden, genau wie später Coates' Essay. Hätte es in den frühen 2000er Jahren die sozialen Medien schon gegeben, würde *The Debt* auch heute noch viel gelesen. Aber nach der Veröffentlichung von Coates' Artikel hätte man den Eindruck gewinnen können, die US-amerikanische Öffentlichkeit sei noch nie zuvor mit der Entschädigungsidee konfrontiert worden.

Oder zumindest seien noch nie überzeugendere Argumente für Reparationen gefunden worden. Dabei kann man eigentlich nicht behaupten, dass Coates' Text Robinson (und viele weitere) in argumentativer Hinsicht in den Schatten stellte, vor allem, weil Robinson ja damals gleich ein ganzes Buch zum Thema geschrieben hatte. Außerdem wurde Coates (wie Robinson auch) nicht wirklich konkret in dem Punkt, wie es mit den Entschädigungen denn eigentlich funktionieren könnte. Die Frage lautet also nicht, ob Coates einen guten Essay geschrieben hat, ja oder nein. Das hat er – und danach noch einige mehr. Aber warum dieser Text einen ähnlichen Widerhall fand wie Ralph Naders *Unsafe at Any Speed* oder Rachel Carsons *Stummer Frühling*, ist für mich per se ein Rätsel.

Und hier kommt auch gleich des Rätsels Lösung: Coates' Text wurde nicht als politische Äußerung so heiß geliebt. Schließlich geht fast niemand davon aus, dass Entschädigungszahlungen so abgewickelt werden könnten, dass diejenigen, die sie fordern, tatsächlich zufrieden wären. »The Case for Reparations« wurde vielmehr als Predigt wahrgenommen. Und als Predigt war dieser Text auch wirklich gut. Sein Publikum wollte Proklamation, nicht Information.

Sicher, einige Leserinnen und Leser, vor allem die jüngeren, hörten zum ersten Mal von der Idee der Entschädigung. Für den Großteil der Leserschaft aber traf das nicht zu. Schließlich hatten viele, die diesen Artikel abfeierten, als wäre er eine neu entdeckte Schriftrolle vom Toten Meer, mehr als nur ein paar graue Haare. Für sie war das alles eigentlich nichts Neues mehr.

Von daher ist Coates, obwohl er es wohl kaum darauf angelegt hat, für seine Fans nicht nur ein Lehrer, sondern ein Prediger. Diese klerikale Rolle in unserem Diskurs wurde überdeutlich, als A. O. Scott Coates' Buch *Zwischen mir und der Welt* als »so lebensnotwendig wie Luft und Wasser« bezeichnete. Dass die US-amerikanische Intelligenzia dieses Zitat dann so überaus wohlwollend aufnahm, war wiederum ein Signal per se, klang Scotts Loblied doch so, als bezöge er sich auf die Heilige Schrift selbst.

Wer diese Form von Kommunikation so behandelt, als sei sie für die Weitergabe von Informationen gemacht, verfehlt ihren Wesenskern. Die wenigsten nehmen das, was diese Denker und Denkerinnen von sich geben, als etwas Neues wahr. Man stelle sich eher Geistliche vor, die von aus der Kirche strömenden Menschen für ihre Predigt gelobt werden. Dabei sind die meisten wohl eher nicht von der Predigt selbst begeistert, sondern davon, wie schön sie das ausgestaltet hat, was sie vorher schon wussten. Davon fühlen sie sich getröstet.

Beim Thema *Race* schätzen die Erwählten bestimmte hochkarätige Intellektuelle für ihre Gabe, als zentral erachtete Punkte kunstvoll in Worte zu fassen und variantenreich zu wiederholen. Diese Denkerinnen und Denker sind ihre

Priester, ihr Klerus. Geistliche haben die Aufgabe, die Wahrheiten einer Religion immer aufs Neue zu verkünden, denn der abergläubische, nicht-empirische Flügel einer Ideologie driftet im harten Zugriff des Alltags auf das Leben schnell ab.

In Scharen strömen Weiße herbei und bezahlen sogar dafür, um sich von Robin DiAngelo kontraintuitiv belehren zu lassen, dass sie rassistische Zahnrädchen in einer rassistischen Maschinerie sind und dass gesellschaftliche Veränderung nur möglich ist, wenn sie das zugeben und ihren Rassismus abschütteln (was arme Schwarze Menschen wann und wie genau weniger arm sein lässt?). Weil sie religiöses Denken lehrt, ist DiAngelo eine prominente Wanderpredigerin in der Tradition von Aimee Semple McPherson. Das Center for Antiracist Research, das die Universität von Boston extra für Ibram X. Kendi eingerichtet hat, ist mit seinem Fokus auf Kendis religiöse Herangehensweise an Rassismus eine theologische Fakultät. Der Lehrstuhl wurde gegründet für einen Mann, der sich formal zwar als Wissenschaftler qualifiziert hat, in seiner wahren gesellschaftlichen Funktion aber Priester ist.

Für die Erwählten gibt es die Erbsünde

Die Erwählten haben also sowohl Magie als auch einen Klerus – und dazu noch einen Begriff von Erbsünde. Im Erwählten Glaubensbekenntnis heißt diese Sünde *White Privilege*, womit die systemimmanenten Privilegien weißer Menschen in einer weißen Mehrheitsgesellschaft gemeint sind.

Um hier gleich eine Frage vorwegzunehmen: Ja, ich glaube auch, dass weiß zu sein in Amerika bedeutet, über gefühlte Zugehörigkeit automatisch bestimmte unausgesprochene Privilegien zu besitzen. Autoritätspersonen sind meist weiß. Die Gruppe der Weißen wird als gängige Norm gesetzt. Als weißer Mensch bist du keiner Stereotypisierung unterworfen. Obwohl ... doch, heutzutage schon: Die Erwählten geißeln dich als bedrohliches, anales *Whiteness*-Monster – aber vielleicht betreiben wir an dieser Stelle lieber keine Erbsenzählerei.

Es geht hier auch gar nicht darum, ob ich oder sonst wer weiße Privilegien für real hält, sondern welche Reaktion darauf wir als angemessen erachten. Die Erwählten haben rituell zu bekennen, dass sie über weiße Privilegien verfügen, mit dem Wissen darum, dass sie von diesen Privilegien niemals erlöst werden können. Kurse, Seminare und Teach-ins sind darauf angelegt, Weiße hinter dieser Herangehensweise ans Thema zu versammeln. Die Erwählten wollen weißen Kindern eintrichtern, dass sie dafür verantwortlich sind, sich so früh wie möglich ihrer Privilegien bewusst zu werden. Schon während ich dieses Buch schreibe, wird diese Religion im ganzen Land an einer Schule nach der anderen gelehrt, sogar Kindern, die noch gar keine richtigen Bücher lesen können. Anders gesagt: Die Erwählten etablieren derzeit ein Äquivalent zur Sonntagsschule – mit dem Unterschied, dass sie unseren Kindern an fünf Tagen pro Woche Predigten halten dürfen, weil sie längst in die Schulen vorgestoßen sind.

Und, oh!, stellen Sie sich die Texte vor, die dieses öffentlich finanzierte Sonntagsschulkonzept den Kindern nahelegen wird. Robin DiAngelos Buch *Wir müssen über Rassismus sprechen* (im Original: *White Fragility*) will Weiße dazu bringen, ihr Selbstbild substanziell neu zu bestimmen und sich als an einem zutiefst rassistischen Denk- und Handlungssystem inhärent Beteiligte zu erkennen. In diesem System beweisen Weiße, die sich zum Thema äußern und etwas anderes sagen, als dass Weiße eben über weiße Privilegien verfügen, nur, dass sie rassistisch sind – und dazu noch zu empfindlich, um das zuzugeben. Dieses ›Du bist ein Rassist, und wenn du behauptest, dass das nicht stimmt, beweist das nur, dass du es eben doch bist‹ ist ein Zirkelschluss und folgt damit einer Sandkastenlogik.

Und trotzdem wurde das von den Erwählten mit viel Tamtam zur richtungsweisenden Veröffentlichung hochgejazzte Buch im Jahr 2020 zum Verkaufsschlager und holte zahllose Konvertitinnen und Konvertiten in ihre Reihen. Dafür, dass so viele Leute einen derart eindeutig widersprüchlichen Text mit so viel Aufmerksamkeit bedenken, gibt es nur eine einzige in sich stimmige Erklärung: Aberglaube. Viele, die jetzt mein Buch lesen, haben auch *Wir müssen über Rassismus sprechen* schon in der Hand gehabt und waren verwundert über dessen Rezeption. Allzu verwundert braucht man nicht zu sein: *Wir müssen über Rassismus sprechen* ist eine Lehrfibel über die Erbsünde und insofern nicht verwirrender als das Neue Testament.

Nominell betrachtet man die Erbsünde als Zulassungsvoraussetzung für ein Leben in der Gnade Jesu nach dem Tod. Auf dem Boden der weltlichen Tatsachen allerdings haben Menschen aus Gründen, die mit unseren Alltagserfahrungen und damit, wie wir auf andere wirken, wenn wir diese Erfahrungen machen, zu tun haben, oft etwas weniger weit reichende Sorgen und fragen sich, ob sie hier auf der Erde gute Menschen sind oder nicht. Ganz ähnlich wird das Bewusstsein für weiße Privilegien als Vorbedingung für aktivistisches Tun gefasst. In der Praxis allerdings ist dieses Bewusstsein das, worum es eigentlich geht. Allen anderslautenden formalen Behauptungen zum Trotz, bezeugen – ja, bezeugen – die Erwählten ihre Privilegien als eigenständigen totemistischen Akt.

So ignorieren Menschen, die sich angeblich der politischen Transformation verpflichtet sehen, mit leichter Hand das erschütternd abstrakte Verhältnis zwischen dem Bezeugen der eigenen Privilegien und dem Voranbringen von Veränderungen in der realen Welt. Bei einer Versammlung der juristischen Fakultät an der Northwestern University im Jahr 2020 erhoben sich Dozentinnen und Dozenten tatsächlich von ihren Stühlen und bezichtigten sich rituell selbst, nicht nur privilegiert, sondern offen rassistisch zu sein. Das wurde vom gesamten Lehrkörper verlangt, völlig unabhängig von individuellem Charakter oder politischer Überzeugung. Eine Beobachterin schrieb daraufhin über einen Professor: »Er ist ein wunderbarer Mensch, der von allen Studierenden gleichermaßen geschätzt wird. Dass er sich gezwungen sieht, etwas anderes zu behaupten, macht mich traurig.«

Die Angehörigen der juristischen Fakultät einer der angesehensten Universitäten im Land bloß als Spinner abzutun, deren Verhalten keine Rückschlüsse zulässt auf den Grundtenor unserer Zeit, wird nicht funktionieren. Es obliegt dem Skeptiker zu zeigen, dass das nichts anderes ist als die Übertragung des Erbsündekonzepts, mitsamt seiner Unauslöschbarkeit. So, wie man mit dem Mal der Erbsünde geboren wird, bedeutet das Weißsein, mit dem Makel unverdienter Privilegien zur Welt zu kommen. Die korrekte Reaktion auf die Erbsünde ist es, die Lehren Jesu anzunehmen, auch wenn man trotzdem auf ewig sündig bleiben wird. Die korrekte Reaktion auf weiße Privilegien ist es, die Lehren von Ta-Nehisi Coates, Ibram X. Kendi und Robin DiAngelo (bestimmt sind inzwischen weitere Propheten und Priesterinnen hinzugekommen, und viele werden es auch in Zukunft noch werden) anzunehmen und zu wissen, dass man den Schandfleck des Privilegs trotzdem immer auf sich trägt.

Besonders deutlich sehen wir das bei weißen Menschen, die lustvoll ihre Fäuste recken und sich über die Texte von Coates gebeugt mit Gleichgesinnten abklatschen. Ein Coates, der sich überrascht zeigt davon, dass Weiße sich überhaupt genug für Schwarze und Rassismus interessieren, um sich die Mühe zu machen, seine Texte zu lesen, und der außerdem fand, die am 11. September 2001 gestorbenen weißen Feuerwehrleute hätten das bekommen, was sie verdient hatten. Andere posteten 2020 vielfach Fotos von sich in den sozialen Medien, auf denen sie *Wir müssen über Rassismus sprechen* in der Hand hielten und ihren Leuten so bewiesen, dass sie »an sich arbeiten«. Für Coates und DiAngelo sind auch diese Menschen noch Sünderinnen und Sünder. Und die so Beschuldigten nehmen den Vorwurf bereitwillig hin, verehren jene, die sie anklagen, gehen aus der Selbstkasteiung gestärkt hervor und fühlen sich gereinigt.

Wenn Menschen es freudig begrüßen, dass unverbesserliche, durch die Erbsünde der weißen Privilegien Befleckte sich selbst geißeln, dann kann man nur von einem Kult sprechen.

Die Erwählten sind evangelikal

»Warum erlauben sie niemandem, eine andere Meinung zu haben?«

Die Frage zielt ins Leere. Die Erwählten bleiben so lange unverständlich, wie wir sie nicht als Religion betrachten. Genauer: als evangelikale Religion.

Tatsächlich wundern wir uns doch auch nicht, wenn fundamentalistische Christen ihren Glauben nicht als eine von vielen gültigen Meinungen betrachten. Sie halten sich für Überbringerinnen und Überbringer einer Frohen Botschaft, die, wenn alle Menschen sich ihr öffnen und sie erkennen würden, eine perfekte Welt zur Folge haben würde. Dass der Großteil dieser Welt sich ihnen nicht anschließt, lernen sie mit Toleranz zu ertragen, in der Hoffnung, dass sich die Dinge in Zukunft zu ihren Gunsten wenden. Christen, die den Rest von uns für Heiden halten, finden wir plausibel. Auch wenn wir nicht seiner Meinung sind: Einen Menschen, der seine Weltsicht – einen unerreichbaren Glauben an die Wirklichkeit von Dingen, die wir niemals sehen oder fühlen können – für richtig hält, unsere hingegen für falsch, können wir uns problemlos vorstellen. Viele von uns wachsen mit dem Christentum (beziehungsweise einer der anderen abrahamitischen Religionen) auf oder sind zumindest seit früher Kindheit damit vertraut. Es fühlt sich normal an, weil es normal ist.

Erwählt zu sein bedeutet, genauso zu denken. Im Mittelpunkt des Erwähltseins steht die Überzeugung, dass es immer eine große Schar unbekehrter Heidinnen und Heiden gibt. Viele dieser Nichtgläubigen gehören zu den Weißen »da draußen«, also zu jenen Menschen, die verbreitet gefürchtet wurden, weil sie die Wahl von Barack Obama (zweimal) hätten verhindern können. Die Erwählten fragen sich, wie sie diese Leute »da draußen« erreichen können. Aus mormonischer Perspektive sind sie die Menschen hinter den Türen, an die noch nicht geklopft wurde.

Bitte beachten Sie, dass, wenn von »da draußen« gesprochen wird, damit jeder Ort in diesem Land gemeint sein kann. Nicht nur Bewohnerinnen und Bewohner der Ostküste sagen »die Weißen da draußen« und denken dabei an den Mittleren Westen. Der Begriff wird in Chicago, in Louisville, in Portland, in Madison und in Atlanta gleichermaßen benutzt. Genauso wenig ist es ein reines Stadt-Land-Problem. Eine New Yorkerin zum Beispiel, die vage von »den Weißen da draußen« spricht, könnte Leute meinen, die in Birmingham, Alabama, oder im texanischen El Paso leben – oder auf Staten Island. Verglichen mit dem, was für ›hier drinnen‹ gehalten wird, sind die betreffenden Leute eben ›draußen‹. Hier drinnen sind wir gesegnet mit wahrer Weisheit, mit einer Art mütterlichem Schoß, wo wir baden in der Gnade … Wessen eigentlich? Belassen wir es bei: hier drinnen, wo wir's kapiert haben und ritualisiert Buße tun für den Makel des *White Privilege*.

Hier eine gewisse Selbstgefälligkeit und Arroganz zu wittern und die Frage zu stellen, warum so viele Leute so schnell derart unausstehlich werden konnten, ist einfach. Aber so sollten wir die Erwählten nicht sehen. Sie sind nicht arrogant. Sie sind Jünger, begeisterte Künderinnen einer Idee. Und sie sind normal – wie alle religiösen Menschen.

Für die Erwählten steht die Apokalypse vor der Tür

Die Schriften der Erwählten gehen davon aus, dass ein Jüngster Tag kommen wird, ein Tag des Gerichts, der große Tag, an dem Amerika sich zu seinem Rassismus ›bekannt‹ beziehungsweise den Rassismus ›verarbeitet‹ und damit endgültig behoben hat. Dieser Tag wird offenbar als Folge der langfristigen Wirkungen psychologischer Selbstgeißelung kommen, kombiniert mit dem auf Veränderungen dringenden politischen Aktivismus, den Weiße betreiben werden, nachdem sie moralisch beschämt und mundtot gemacht worden sind.

Fällt Ihnen auf, dass das keinen Sinn ergibt? Und nebenbei erwähnt: Wie soll ein Land, das so groß, heterogen und politisch gespalten ist wie dieses, jemals zu einem derart endgültigen, übergreifenden Konsens gelangen, dass der Rassismus einfach behoben sein wird? Wir bekommen gesagt, die Weißen »da draußen« seien unbelehrbare Heiden. Okay, aber wenn das so ist, was soll denn dann den Wandel in ihren Köpfen bewirken? Die Lektüre von *Wir müssen über Rassismus sprechen*? Noch mal von vorn, bitte. Da klingen ja steinerne Tafeln direkt aus dem Himmel plausibler.

Man bedenke, dass die Erwählten derartige Fragen gar nicht gerne hören. Ja, sie finden sie sogar arrogant, was oft klingt, als wollten sie von uns wissen, wie wir es wagen können, das Göttliche in Zweifel zu ziehen. Sogar ihre Sprache wird hier liturgisch, bezieht sich nur näherungsweise aufs wahre Leben und wird nur verständlich, wenn wir sie als Lyrik, göttlichen Geist oder Prophezeiung interpretieren. Und ich erlaube mir noch eine Extraportion Arroganz mit folgender Frage: Was würde es für die USA denn bedeuten, den Rassismus ›zu verarbeiten‹? Woraus bestünde die Verarbeitung, aus welcher Konstellation, welchem Ereignis, welchem Konsens? Wer würde festlegen, dass die Verarbeitung tatsächlich erfolgt ist? Wieso sollen wir davon ausgehen, dass die Erwählten jemals die Benutzung der Vergangenheitsform erlauben werden? Wird es mit ihnen jemals ein ›es ist verarbeitet worden‹ geben? Immerhin gehen sie geradezu besessen gegen sämtliche Versuche vor, irgendetwas schon für verarbeitet zu erklären, und lehren uns, dass es sich, wenn wir den Eindruck von Fortschritt haben, nur um neue Formen von Rassismus und weißer Empfindlichkeit handelt. Zuzulassen, dass echter Fortschritt passiert ist, weigern sie sich mit aller Professionalität.

Im Hier und Jetzt besteht das Gebot der Erwählten darin, zu betonen, wie weit wir von diesem großen Tag noch entfernt sind und wie sehr wir in einer Gegenwart verharren, in der sich nichts verändert. Warum? Weil die Vorstellung von einem Amerika, das sich seit den Zeiten der klaren Rassentrennung immer höchstens einen halben Zentimeter weiterbewegt hat, eine Dringlichkeit generiert, die extremes Handeln rechtfertigt. Den aktuellen Augenblick schwarzzumalen und zur Katastrophe zu erklären, ist ein Kennzeichen jeder Ideologie. 1951 schrieb Eric Hoffer in seinem Buch *Der Fa-*

natiker. Eine Pathologie des Parteigängers, dass Bewegungen wie Faschismus, Kommunismus und der Segregationismus des 19. Jahrhunderts ihre Anhänger angezogen und bei der Stange gehalten haben, indem sie sich auf eine idealisierte Vergangenheit, eine fantastische Zukunft sowie eine unrettbar verseuchte Gegenwart beriefen. Für die Erwählten liegt die glorreiche Vergangenheit Schwarzer Menschen in Afrika. In der hehren Zukunft geht es um jenen noch zu erreichenden Zustand der vollkommenen Verarbeitung und Überwindung von Rassismus, wohingegen die Gegenwart, wenn diese Religion auch nur im Ansatz Sinn ergeben will, eine ewige Jauchegrube sein muss.

Die Ausgangsidee, dass die USA vor dem Thema *Race* quasi die Augen verschlössen – wie auch vor dem Thema Rassismus, was die Leute eigentlich meinen, wenn sie *Race* sagen –, ist vollkommen absurd. Die USA sind nichts weniger als geradezu besessen von der Diskussion um und dem Anerkennen von Rassismus, und diejenigen, die Jahr für Jahr darauf bestehen, Amerika wolle davon nichts hören, leben im Reich der Fantasie. Amerika hat sich gewiss nicht die sehr speziellen, ja exzentrischen Anforderungen der Erwählten an *Race* und Rassismus zu eigen gemacht, aber das als allgemeine Vernachlässigung des gesamten Themas darzustellen, hat nichts mehr mit bloßer Schlamperei zu tun: Es ist die absichtliche Entscheidung, etwas nachweislich Unwahres zu glauben.

Jetzt, da ich dieses Buch im Jahr 2021 schreibe, hat das Bewusstsein für Rassismus in den USA innerhalb nur eines Jahres ein derart extremes, gefestigtes und ernsthaftes Niveau erreicht, wie es in der Geschichte dieses oder irgendeines anderen Landes noch nie vorgekommen ist. Landesweit geben Organisationen Statements ab, die sich solidarisch erklären mit der Black-Lives-Matter-Bewegung, völlig unabhängig davon, ob sie geschäftlich etwas mit interkulturellen Beziehungen zu tun haben oder nicht. Der CEO von Netflix hat 120 Millionen Dollar an traditionell Schwarze Colleges und Universitäten gespendet und der Streaming-Anbieter Hulu eine Episode von Padma Lakshmis Kochshow *Taste the Nation* umsonst ins Netz gestellt, und zwar die über die Küche der Schwarzen auf den Sea Islands vor South Carolina. Statuen von konföderierten Generälen werden nicht nur hier und da gestürzt, sondern zuhauf. Die Nachrichtenagentur Associated Press hat beschlossen, das Wort *Black* immer großzuschreiben. Der Merriam-Webster, der englischsprachige Duden, überarbeitet seinen Eintrag zu Rassismus und will moderne Begriffsbestimmungen mitaufnehmen, die eher auf Unterschiede statt auf Haltungen abheben. Wörter wie Master-Schlafzimmer, technische Bezeichnungen wie Master-Drive und Slave-Drive und sogar der Name des Golfturniers Masters Tournament werden überdacht. Plötzlich kennt die gesamte Nation den Feiertag Juneteenth und unterstützt das Schwarze Amerika dabei, ihn zu begehen, viele Gemeinden geben Schwarzen Menschen beispielsweise diesen Tag als bezahlten Feiertag frei. Bei den Demonstrationen nach der Ermordung von George Floyd sieht man so viele weiße Gesichter, dass man denken könnte, die Bewegung würde von Greenpeace gesponsert.

Obwohl eindeutig festgestellt wurde, dass es auf einer fehlerhaften Interpretation historischer Daten beruht, ist das »1619 Project« der *New York Times* mit dem Pulitzer-

Preis ausgezeichnet worden. Was galt, war die unausgesprochene Erwählte Übereinkunft, dass beim Thema *Race* die Empörung die Genauigkeit aussticht. Demonstrationen in Solidarität mit den hiesigen Black-Lives-Matter-Protesten gibt es in Ländern, wo viele derjenigen, die da auf die Straße gehen, nicht gut Englisch sprechen und überhaupt keine Schwarzen US-Amerikanerinnen oder -Amerikaner kennen. Der Kongress – dieses nicht mehr zu Mehrheitsentscheidungen fähige Trauerspiel, zu dem er im 21. Jahrhundert geworden ist – hat ein Gesetz verabschiedet, das auf eine ernst gemeinte Polizeireform dringt. Minneapolis, die Stadt, in der George Floyd ermordet wurde, hat gelobt, den gesamten Polizeiapparat zu durchleuchten, während landauf, landab hitzig darüber debattiert wird, ob der Polizei nicht radikal die Gelder gekürzt werden sollten.

Im ganzen Land sezieren prominente Weiße sich selbst und prüfen, ob sie ihre *Whiteness* missbräuchlich eingesetzt haben. Tina Fey hat vier Episoden ihrer geliebten Sitcom *30 Rock* aus den Streamingdiensten genommen, weil es darin kurze Blackfacing-Gags gab. Die weiße Schauspielerin Jenny Slate hat davon Abstand genommen, einer multiethnischen Figur in der Serie *Big Mouth* ihre Synchronstimme zu leihen. Disneyland hat die Attraktion Splash Mountain neu ausgestattet: Die Wildwasserfahrt setzt jetzt mehr auf *Küss den Frosch* und seine Schwarze Prinzessin Tiana statt auf den umstrittenen Film *Onkel Remus' Wunderland*. Und in New York hat man in großen gelben Buchstaben »BLACK LIVES MATTER« auf die Straße malen lassen.

Der Unterschied zwischen der Art und Weise, wie Weiße 2020 und nur wenige Jahre zuvor über das Thema *Race* und die Dominanz von Rassismus dachten, ist dramatisch. Eine Umfrage der Monmouth University zeigt, dass 2015 noch 50 Prozent aller Weißen Rassismus für ein ernst zu nehmendes Problem für Schwarze Menschen hielten, im vergangenen Jahr aber waren es schon 71 Prozent. Dieser Einstellungswandel hat sicherlich dabei geholfen, die Wiederwahl des offen rassistischen Präsidenten Donald Trump zu verhindern. Dass *Race* und Rassismus im Jahr 2020 auf jeder Rechnung standen, brachte bestimmt auch Joe Biden dazu, sich für eine Schwarze Frau als Vizepräsidentschaftskandidatin zu entscheiden, und es ist gut möglich, dass Kamala Harris die erste US-Präsidentin wird.

Und trotzdem müssen wir festhalten, dass all das für die Erwählten nicht ein winziges bisschen ins Gewicht gefallen ist.

Die immergleichen Leute sagen die immergleichen Dinge, von wegen: Schwarze Menschen sind und bleiben ungehört und ungesehen, Amerika bekommt das Thema Rassismus einfach nicht in den Griff. Man erfährt, dass Kamala Harris ja doch nur Vizepräsidentin sei und außerdem von einem alten weißen Mann ausgewählt. Und dass man, auch wenn Trump fürs Erste aus dem Amt sei, besser nicht glauben solle, sein Einfluss sei nicht weiterhin ungebrochen. Die Verzweiflung also ist unverändert groß. Auf die Frage, ob seit 2020 nicht Grundstürzendes passiert sei, räumen sie zögerlich ein, das, was geschehen sei, sei »hochwillkommen« oder »ein Anfang« – mehr aber auch nicht.

Für diese Leute ist greifbarer Fortschritt beim Thema Rassismus nichts, das es zu feiern, sondern um das es drum herumzureden gilt. Schließlich verlieren die Erwählten mit jeder Verbesserung ein Stück ihrer Daseinsberechtigung. Man halte fest: Sie sind nicht auf Geld oder Macht aus, sondern ausschließlich auf Sinnhaftigkeit, womit ich jenes Grundgefühl von eigener Wichtigkeit und einer bedeutsamen Agenda des eigenen Lebens meine. Von daher rührt wohl auch die Rede davon, dass Trump zwar in keine zweite Amtszeit gewählt wurde, aber eben doch in eine erste, und dass das alles noch nicht lange her ist, und dass Biden außerdem nicht gerade einen Erdrutschsieg eingefahren hat, und dass wir doch »eigentlich darüber reden müssen«, was das alles über den Rassismus in Amerika aussagt. Nein, das ist kein hypothetischer Fall: Direkt nach Präsident Bidens Amtseinführung veröffentlichte Ta-Nehisi Coates einen Artikel unter der Überschrift »Donald Trump Is Out. Are We Ready to Talk About How He Got In?« (»Donald Trump ist draußen. Sind wir bereit, darüber zu reden, wie er reinkam?«).

Applaus, bitte! Aber halt: Niemand soll bereit gewesen sein, über etwas zu reden, über das während der gesamten vier Jahre, in denen Trump im Amt war, eigentlich gründlich, ausführlich und pausenlos nachgedacht wurde? Noch konkreter: Warum sind wunderbar überraschende Entwicklungen in der Gegenwart im Kontext der *Race*-Fragen weniger Diskussion wert als trübsinnige Rückblicke in die Geschichte? Der Grund, warum wir angeblich »wirklich dringend endlich« über 2016 statt über 2020 sprechen sollten, ist, dass 2020 ein Jahr der guten Nachrichten war, 2016 aber eine Frohbotschaft im eher christlichen Wortsinn – also die Mitteilung von untergründig schwelendem Rassismus und seiner dringend notwendigen Bekämpfung. Eine derart Frohe Botschaft ist besser als eine gute, also echte, Nachricht.

Sollte die neue Stimmung tatsächlich zur Auflage eines Entschädigungsprogramms führen, kann man schon jetzt darauf wetten, dass sich die neuen Memes so oder so ähnlich anhören werden: »Entschädigungen sind nur ein Anfang!« und »Niemand darf denken, dass man uns 400 Jahre wie Tiere behandeln und dann mit Geld abspeisen kann!« Nehmen Sie mich aber nicht beim Wort. Coates ist auch hier wieder nützlich, hat er doch schon vor einiger Zeit in seinem berühmten Artikel zu Reparationen alles vorweggenommen, weil er hier die These formulierte, wir müssten »möglicherweise feststellen, dass das Land es Afroamerikanerinnen und Afroamerikanern niemals ganz vergelten kann«. Oder: Es gab den Vorschlag, über einen noch zu entwickelnden Algorithmus die Höhe der Entschädigungssumme, die Schwarze Menschen erhalten sollen, standardisiert berechnen zu lassen. Ein Schwarzer Autor wandte ein, das könne niemals funktionieren, und zwar nicht wegen der Mechanik des Algorithmus, sondern wegen des rein spirituellen, von Sklaverei und ihren Folgen verursachten Schmerzes, der sich von einem solchen Algorithmus nicht greifen ließe. Aber gibt es überhaupt etwas, was das könnte?

Randall Robinsons Buch kam zu einem ähnlichen Schluss. Der Autor vertrat die These, die Sklaverei habe »eine ganze Ethnie mit generationenübergreifender Effizienz leergeschält. Jeder Gegenstand aus ihren ehemaligen Kulturen, jeder Brauch, jedes Ritual, jede Gottheit, jede Sprache, jedes Spurenelement der gesamten ererbten Identität wurde den Opfern entrissen und zu einem scharfkantigen, erstickenden Staub zermahlen«. Nun gut ... Aber immerhin hatte Robinson eine Vorstellung davon, woraus eine Entschädigung bestehen könnte. Nämlich aus: (1) einem Bildungsfonds, (2) der Rückforderung von Geldmitteln von Firmen, die von Sklavenarbeit profitiert haben, (3) allgemeiner Unterstützung für »Bürgerrechtsarbeit« und (4) finanzieller Wiedergutmachung für den karibischen Raum und Afrika. Das alles wären wünschenswerte Dinge, aber um die brutale gesellschaftspsychologische Auslöschung rückgängig zu machen, unter der nach Robinson alle Schwarzen Menschen so massiv leiden, wäre wenig getan. Folgerichtig könnten Entschädigungszahlungen nur sehr wenig zu einer tatsächlichen Wiedergutmachung beitragen.

Im Zusammenhang mit *Race Issues* reden die Erwählten endlos über die Macht von Sprache und Bildern. Aber auch nachdem sich Sprache und Bilder im ganzen Land extrem verändert haben, sitzen sie noch unzufrieden und mit zusammengebissenen Zähnen da, verurteilen Veränderungen in Sprache und Bebilderung als reine Oberflächenkosmetik und stimmen dieselben Mantras an wie zuvor. Für sie zählt jedes Schwarze Leben, aber erdrutschartige gesellschaftspolitische Verschiebungen in der öffentlichen Wahrnehmung Schwarzer Menschen zählen nicht.

Deswegen kann eine gestandene Historikerin und ehemalige Harvard-Präsidentin einen feinsinnigen Aufsatz über William Faulkner auch beiläufig mit dem Verweis auf »die beschämende Geschichte, mit der wir uns immer noch nicht auseinandergesetzt und die wir immer noch nicht verstanden haben«, enden lassen. Niemand in der Redaktion der Zeitschrift, für die Catherine Drew Gilpin Faust hier schrieb, traute sich, eine derart hoffnungslos fantastische Darstellung der Situation in den USA zu hinterfragen, und das, obwohl dieser Aufsatz Monate nach den Protesten wegen der Ermordung George Floyds verfasst worden war. Immer noch keine Auseinandersetzung, immer noch kein Verstehen? Diese Aussage hat mit der Realität nichts zu tun. Aber das war auch nicht ihre Intention, und deswegen lassen wir solche Sätze durchgehen.

Dann hatte im Februar 2021 der Schwarze Historiker (und Universitätspräsident) Jonathan Holloway eine Erkenntnis dazu, wie weit wir bis jetzt schon gekommen sind:

> Die Auslöschung ist so erstaunlich wie gründlich vonstattengegangen. Die Relevanz Schwarzer Arbeit beim Aufbau der ökonomischen Infrastruktur der Südstaaten ist bislang regelmäßig dementiert worden. Die Beiträge, die Schwarze Wissenschaftler und Wissenschaftlerinnen zu den Geisteswissenschaften, den Lebenswissenschaften und den Naturwissenschaften geleistet haben, sind wegen der Rassentrennung am Arbeitsplatz verloren gegangen. Der nationale Kulturapparat hat sich die schöpferische Arbeit Schwarzer Künstlerinnen und Künstler angeeignet und damit missachtet.

Dementiert, verloren gegangen, missachtet – alles kunstvoll ins Perfekt gesetzt: Diese Dinge sind bis jetzt dementiert worden und werden es noch immer. Das Perfekt im Englischen sagt aus, dass die Vergangenheit in die Gegenwart hineinreicht – *Elvis has left the building* versus *Elvis left the building* –, was unserem Autor hier die Andeutung erlaubt, dass alles, was vor Unzeiten passiert ist, auf einer bestimmten Ebene immer noch wirksam und nicht abgeschlossen ist.

Und doch wurde, wie vorherzusehen war, dieser fast fantastische Pessimismus von allen üblichen Verdächtigen als ein fesselndes Zeugnis gefeiert. Was wiederum nur dann Sinn ergibt, wenn man echte, sich vollziehende Veränderungen absichtlich nicht sehen will. Gesellschaftspolitischer Fortschritt ist für die US-amerikanischen Erwählten und ihr Konzept von *Race* vollkommen irrelevant, und das nicht, weil sie stur sind oder davon profitieren, wenn sie andere aufputschen, sondern weil sie auf religiöse Art und Weise an Antirassismus glauben.

Meine These, dass das, was 2020 und danach passiert ist, die Erwählten völlig unbeeindruckt lässt, mag anmaßend erscheinen. Aber letzten Endes lautet die Frage doch einfach nur: Habe ich recht – oder eben nicht? Also bitte ich Sie einfach, sich umzusehen.

Sehen Sie's?

Die Erwählten ächten Ketzer

Für Erwählte ist es vordringlich, alle, die nicht ihres Glaubens sind, nicht nur zu kritisieren, sondern ihre Bestrafung und Auslöschung zu betreiben, und zwar in einem Ausmaß, wie es die vorherrschenden Bedingungen eben zulassen. Alle Erwählten sind sich offenbar einig darin, dass man gegenüber Nichtgläubigen nicht nur laut werden, sondern dass man sie anprangern, isolieren und ächten muss.

Auf viele macht dieses Vorgehen einen übereilten, unreifen und unbedachten Eindruck. Das wiederum ist ein wesentlicher Grund dafür, warum die Erwählten in der öffentlichen Wahrnehmung oft als mehrheitlich junge Menschen unter 25 verharmlost werden. So etwas können doch nur hitzköpfige Jugendliche mit Hummeln im Hintern sein und keine gestandenen Erwachsenen.

Aber leider ist es so nicht. In Wirklichkeit ist das, was die Erwählten als ›problematisch‹ bezeichnen, das, was ein Christ oder eine Christin unter ›gotteslästerlich‹ versteht. Die Erwählten ächten Menschen nicht impulsiv, aus einer Laune heraus; sie tun es ruhig und mit Bedacht, zwischen zwei Schlucken Kaffee, während sie auf Twitter unterwegs sind, denn die Hexenverbrennung betrachten sie als hohe Kunst.

Natürlich nicht wortwörtlich, aber die Geisteshaltung ist dieselbe. Die Erwählten sind Religionsangehörige einer besonderen Sorte. Andersdenkende sind für sie nicht nur Menschen, mit denen man nicht einer Meinung ist, sondern eine Art Umweltverschmutzung. Sie haben nicht unter uns zu sein. Andrew Sullivan, der 2020 seinen Posten beim *New York Magazine* räumen musste, schilderte, es sei zu einem Punkt gekommen, an dem Erwählte Kolleginnen und Kollegen schon seine bloße Anwesenheit unerträglich fanden:

> Sie scheinen zu glauben – und das ist auch in den Mainstream-Medien zunehmend die orthodoxe Ansicht –, dass Redakteure und Redakteurinnen, die sich in Fragen von *Race*, *Gender*, sexueller Orientierung und Geschlechtsidentität nicht aktiv zur kritischen Theorie bekennen, ihre Kolleginnen und Kollegen körperlich aktiv verletzen, auch wenn sie sich nur virtuell im selben Raum befinden.

Eine traurige Menge an Tinte ist über der Idee vergossen worden, dass diese Leute eben nicht mehr so empfindlich sein dürften, dass sie verunsicherte, von Helikoptereltern deformierte Wesen sind. In Wahrheit aber geht es hier gar nicht um echte Unsicherheit, sondern um eine Pose. Die Erwählten fühlen sich von Kolumnen, Tweets, Lehrplänen, Symbolen und Wortäußerungen gar nicht eingeschüchtert, geschweige denn körperlich verletzt oder misshandelt. In der Absicht, die ›Gewalttätigkeit‹ der Ansichten vorzuführen, mit denen sie nicht übereinstimmen, nehmen sie lediglich die Pose von Verletzten ein und wollen so zeigen, wie böse diese Ansichten sind. Ihr Begriff der Gewalt greift erstens auf Michel Foucault und zweitens auf die schlauen Diskussionen zurück, die radikale Feministinnen während der 1980er und 1990er Jahre geführt haben. Aber so, wie sie diesen Begriff einsetzen, erzwingt er etwas, was in früheren Gesellschaften tabuisiert war.

Menschen, für die es nicht hinnehmbar ist, mit einem Intellektuellen wie Sullivan in derselben Firma zu arbeiten – und es ging nicht mal um ein physisches Großraumbüro, sondern um einen hauptsächlich virtuellen Raum während des Lockdowns! –, führen sich auf wie solche, die mit den Fingern das Kreuz machen und so den Ketzer ausstoßen. Religiöser Eifer ist absolutistisch, und dazu gehört auch seine manichäische Auffassung von Gut und Böse. Viele erinnern sich sicher noch an Dana Carvey in *Saturday Night Live*, wie er in seiner Rolle als Church Lady mit einer sich selbst abfeiernden Besessenheit den Umtrieben von »SATAN?!« auf der Spur war. Diejenigen, die Andrew Sullivan aus der Redaktion des *New York Magazine* und Bari Weiss aus der *New York Times* vertrieben (beide kündigten Mitte 2020 in derselben Woche, als von ihren jeweiligen Institutionen Verfolgte), würden über die von Carvey gespielte Figur lachen. Es wäre ihnen nicht bewusst, dass sie exakt dasselbe Verhalten an den Tag legen.

Glenn Loury hat in einer unserer Online-Diskussionen vorgeschlagen, immer dann, wenn die Erwählten jemanden als ›problematisch‹ bezeichnen, dieses Wort durch ›Hexe‹ zu ersetzen. Erst dann verstünde man, was sie eigentlich sagten, und könne sie zur Rechenschaft ziehen. Der Satzanfang »Alles schön und gut, aber ist das, was X da sagt, nicht insofern problematisch, als dass …« ließe sich, ohne dass irgendetwas verloren ginge oder künstlich hinzugefügt würde, übersetzen mit: »Alles schön und gut, aber macht das, was X da sagt, sie/ihn nicht zur Hexe?«

Völlig überzeichnet! Komplett übertrieben! Mag sein, aber jetzt sehen Sie sich doch bitte diesen Brief an den Fachbereich an, den eine Gruppe Promovierender – Promovierende! – in Princeton verfasst hat. Hier kommt ein Auszug aus den Forderungen, die an den Universitätspräsidenten gerichtet wurden (der wiederum solcherlei Ideen mit herzlicher Zuneigung begegnete):

> Richten Sie einen Ausschuss ein, der sich ausschließlich aus Mitgliedern der Fakultät zusammensetzt und der die Untersuchung und Ahndung von rassistischem Verhalten, rassistischen Vorfällen und Veröffentlichungen sowie von rassistischer Forschung seitens der Fakultät leitet. Hierfür sollte im Vorfeld ein Regelwerk für Beschwerden und Einsprüche erstellt werden, das in den Verfahrensvor-

> schriften der Fakultät verankert wird. Die Richtlinien dafür, was als rassistisches Verhalten, rassistischer Vorfall sowie als rassistische Forschung und Veröffentlichung gewertet wird, werden von einem Fakultätsausschuss erstellt und in dieses Regelwerk mitaufgenommen.

Wenn das nicht der Wunsch nach einer Zensurbehörde ist, dann weiß ich auch nicht. Hier wird die Einrichtung eines Ausschusses zur Bekämpfung von Ketzerei gefordert, nicht mehr und nicht weniger. Sobald etwas Zeit vergangen sein wird, werden sich viele Leserinnen und Leser fragen, ob dieser Absatz nicht doch ein schlechter Scherz ist. Aber das ist er nicht. Er ist echt, geschrieben und unterzeichnet von lebenden Personen, die ansonsten nach Hause fahren, ihren Kindern Essen machen, den Rasen mähen und die zweite Staffel von *Succession* nachholen.

2019 einigten sich die Medien darauf, das Verhalten der Erwählten als *Cancel Culture* zu bezeichnen. Die Gegenreaktion der Erwählten im Jahr 2020 war ein einziger Offenbarungseid: Wiederholt gaben sie zu Protokoll, sie beabsichtigten nicht, andere zu *canceln*, beharrten aber auf ihrem Recht, sich gegen diejenigen auszusprechen, mit denen sie nicht einverstanden waren. Menschen mit dieser Gesinnung gehen aber typischerweise – und ohne das auch nur im Geringsten infrage zu stellen – davon aus, dass dieses ›sich gegen etwas aussprechen‹ notwendig den Versuch einschließt, andere zu bestrafen, ihnen die Titel zu nehmen und die Abzeichen von den Schulterklappen zu reißen.

Man merkte bald: Ihnen war nicht bewusst, dass nur wenige Jahre zuvor niemand innerhalb einer derart großen

Gruppe davon ausgegangen wäre, dass eine für unbotmäßig erachtete Meinung eine über den bloßen Tadel hinausgehende Strafe verdient hat. Und das beweist nicht, dass manche Menschen eben seltsam egoistisch oder penetrant sind. Es ist vielmehr Beweis dafür, dass sie von einer Religion geleitet wurden, die sich in den 2010er Jahren formte und die in der Zeit nach der Ermordung von George Floyd auskristallisierte, einer Religion, in der eine abweichende Meinung nicht nur infrage gestellt, sondern zermalmt gehört, denn eine gute Welt, die diese andere Meinung in sich einschließt, ist unvorstellbar. Dass mündige Menschen vergessen, wie es vor noch nicht allzu langer Zeit war, kann sehr schnell gehen.

Warum aber können sie andere Meinungen nicht zulassen? Erinnern wir uns: Wir haben es hier nicht mit Politikwissenschaft, sondern mit Religion zu tun. Genauer: mit einer Religion, die eine unheimliche Ähnlichkeit hat mit dem strenggläubigen Christentum. Für Erwählte ist der Rassismus das Äquivalent des Teufels. Wenn ich mich dazu herablasse, an Satan vorbeizugehen und zu denken, man könne ihn auch einfach gewähren lassen, habe ich nicht begriffen, worum es geht, und liege ›falsch‹.

Ein schneller Blick aus nächster Nähe auf eine echte Erwählte kann das noch besser veranschaulichen. Sie twitterte einst beiläufig über mich, ich sei gegen das Streben Schwarzer Menschen nach Gleichberechtigung. Ich sage es in aller Deutlichkeit: Ich will nicht klagen. In den vergangenen Jahrzehnten wurde deutlich Schlimmeres über mich verlautbart, auch in diesem Moment passiert es wieder – und es wird weiterhin passieren. Jedenfalls denke ich, dass die meisten, die mich und mein Tun kennen, in mir kaum jemanden sehen, der sich mit finsterer Entschlossenheit hinstellt und sagt: »Schwarzen Menschen sollte es nicht darum gehen, gleichberechtigt zu sein mit Weißen.«

Warum auch sollte mir die Vorstellung, andere Schwarze Menschen als gleichberechtigt Behandelte zu sehen, nicht gefallen? Vielleicht haben manche das Bild von mir als einer finsteren Gestalt, die alle Schwarzen Menschen außer sich selbst für von Natur aus minderwertig hält. Aber ist irgendjemand einer solchen Figur außerhalb eines *Boondocks*-Comicstrips tatsächlich schon begegnet? Wer könnte dieses Bild von mir so mit belastbaren Beispielen unterfüttern, dass die Mehrheit der Leserinnen und Leser es für glaubhaft halten würde?

Der heuristische Wert dieses Tweets liegt hierin: Sie ist Professorin an einem College. Sie betreut Studierende, schreibt akademische Aufsätze, arbeitet in universitären Ausschüssen mit und sieht sich sicher selbst als einen Menschen, der Ideenvielfalt schätzt. Wahrscheinlich liebt sie ihre Eltern und hat Hobbys. Es gibt sie, diese Menschen, die als intelligente, bürgerliche und empathische Personen funktionieren, aber trotzdem beliebig hetzerisch-verfolgende Tweets wie diesen absetzen. Als würde ein implantierter Virus sie zu Taten verleiten, die ihnen eigentlich fremd sind – so wie diese kleinen Wurmlarven, die sich ins Gehirn des Grashüpfers graben. Die Würmer brauchen zum Größerwerden das Wasser und verändern das Gehirn des Grashüpfers so, dass er ins Wasser springt und stirbt, wodurch die Würmer ins Wasser gelangen und dort gedeihen können.

Wenn nette Menschen solche Sachen schreiben, muss also ein Einfluss wirken, der alles andere außer Kraft setzt.

Die Ideologie der Erwählten schreibt allen als ihre zentrale moralische Pflicht vor, Rassismus und Rassisten zu bekämpfen. Und meine Ansichten zum Thema *Race* werden diesen Anforderungen nicht immer gerecht: Ich möchte zwar in vollem Ernst Strategien entwickeln, um Schwarzen Menschen ein besseres Leben zu ermöglichen, aber ich tue das nicht, indem ich weiße Vorurteile identifiziere und bekämpfe oder die Gesamtgesellschaft als rassistisches System betrachte, das irgendwie zerlegt werden muss. Dass solche Ansätze zielführend sind, halte ich schlicht nicht für wahrscheinlich genug.

Aber so, wie die Erwählten mit dem Thema *Race* umgehen, geht es um die religiöse Aufgabe, Rassismus lautstark zu verdammen, und nicht darum, nach Wegen zu suchen, wie sich das Leben Schwarzer Menschen verbessern ließe und wie man die Erfolge solcher Bemühungen wohl bemessen könnte. Aus Erwählter Perspektive müssen meine Ansichten also fehlerhaft sein. Ich bin kein Anhänger ihrer Lehren und sündige, indem ich ihrem Evangelium widerspreche. Ihre Mission, die sie aus ihrer Sicht erst zu wertvollen Menschen macht, lasse ich nicht gelten. Deswegen bin ich der Feind, jemand, der gegen sie ist – und damit auch gegen die Gleichstellung von Schwarzen.

Was einen geistig gesunden Menschen dazu bringt, erst eine sinnlose, persönlichkeitsverletzende Kritzelei zu verschicken und danach seinem absolut normalen Tagwerk nachzugehen, kann mit Logik nichts zu tun haben. Wenn wir dieser Frau die Ehre erweisen und sie als eine intelligente, moralisch handelnde Person betrachten wollen – und das müssen wir, und das tun wir –, dann war ihr Tweet eine

Form, Zeugnis davon abzulegen, ein Mitglied der Erwählten zu sein.

Wir sehen die Namen derjenigen, die diese Petition unterzeichnet haben und mal wieder jemanden in den Schandstock zerren wollen, und denken: »Haben die das wirklich unterschrieben?« Wir wundern uns, dass diese sanftmütige Frau, die wir letztens bei der Fakultätsparty kennengelernt haben, mit in diesem Ausschuss saß, der die Karriere eines liberalen Professors, der nichts falsch gemacht hatte, beinahe beendet hätte. Wir sehen einen Twitter- oder Facebook-Mob an jemandes Eingeweiden reißen und müssen feststellen, dass eine absolut wunderbare, friedliebende und superschlaue Bekannte von uns den gesammelten Schmähreden fröhlich ein Like gibt und sogar selbst noch einen aggressiven Kommentar draufsetzt. Das alles hat damit zu tun, dass das Erwähltsein eben eine Religion ist und kein Aufstand. Hier dürfen alle mitmachen.

Für die Erwählten sind ihre Hexenverbrennungen darum auch unbestreitbar im Einklang mit dem Zeitalter des *Racial Reckoning*, der Zeit des Erwachens und der Abrechnung, wie die Epoche seit der George-Floyd-Tragödie in den USA oft genannt wird. Wie nonchalant sie es für gesetzt erachten, dass zu einer vollgültigen Abrechnung gehört, andere Menschen aus Diskussionen auszuschließen und in die Arbeitslosigkeit zu stürzen, wobei eine Begründung noch nicht mal für nötig befunden wird, ist doch ziemlich bestürzend. Aber genau das ist es eben: Für die Erwählten ist die Entscheidung, Ketzerei zu ächten, keine, die ihnen freisteht. Sie ist eine Pflicht, so selbstverständlich wie das Atmen, und wird nicht weiter hinterfragt.

Ein Mensch denkt normalerweise nicht über seine Religion hinaus und stellt sich nicht vor, was so gedacht wurde, bevor es seine Religion gab. Eine Religion ist allumfassend, und das ist es, was in unserem Fall den Unterschied markiert zwischen der politischen Korrektheit von 1992 – »Ich empfinde das als Beleidigung!« – und den Erwählten der 2020er Jahre mit ihrem »Teert und federt sie!«. Antirassismus hat sich verschoben – er hat angefangen bei dem Bekenntnis, Gesellschaft verändern zu wollen, und ist fortgeschritten zu der Verpflichtung, klare Antipathie gegenüber Rassismus zu signalisieren, es dabei aber zu belassen. Von der ersten bis zur dritten Welle hat sich Antirassismus von dem konkreten politischen Aktivismus eines Martin Luther King gewandelt, hin zu den auf einem Glaubenssystem ruhenden Verpflichtungen eines Martin Luther.

Die Erwählten treten an die Stelle älterer Religionen

Daniel Patrick Moloney, katholischer Seelsorger am Massachusetts Institute of Technology, hat eine seinem Beruf und seiner Religion entsprechende E-Mail geschrieben, in der er vorsichtig vorschlug, doch zumindest zu versuchen, auch mordende Polizisten als Menschen zu sehen und zu verstehen, warum sie vom richtigen Weg abwichen. Nachdem Moloney festgestellt hatte, wie schrecklich George Floyds Ermordung und wie eindeutig die Schuld des Polizeibeamten war, der ihn getötet hat, wagte er das Folgende:

> Viele haben behauptet, Rassismus sei eines der Hauptprobleme innerhalb der Polizei. Ich glaube, so sicher können wir das nicht sagen. Polizistinnen und Polizisten haben es andauernd mit gefährlichen, schlechten Menschen zu tun, und das macht sie oft hart. Sie werden so, damit wir anderen in Frieden leben können, aber für ihre Seelen hat das manchmal seinen Preis.

Die Sprache derjenigen, die danach auf ihn losgingen, war bezeichnend. Einer der Tweets lautete: »Erster Punkt auf der Tagesordnung: Wir müssen über Father Moloney (katholischer Kaplan am MIT) und die E-Mail sprechen, die er heute verschickt hat, weil er sie so offenbar in Ordnung fand.« Man bemerke den Anklang von Zensur in diesem »weil er sie so offenbar in Ordnung fand«, als säße irgendwo ein Tribunal aus Kirchenoberen, das über die Zulässigkeit von Äußerungen entscheidet.

Ein Folgetweet: »Es tut mir wirklich leid für alle Schwarzen Katholiken und Katholikinnen am MIT, ihr hättet so viel Besseres verdient (trauriges Emoji).« Der nächste Twitterer stimmte gleich mit ein: »Genau, und deswegen sollte er auch entlassen werden. Er kann für Studierende of Color eindeutig keinen sicheren und effektiven Dienst tun … Also sollte er seinen Dienst überhaupt nicht tun.« Wie aber sollte eine so zurückhaltende Predigt, wie Moloney sie da verfasst hatte, für irgendjemanden Unsicherheit bedeuten? Glaubt der Verfasser hier ernsthaft, dass aufgrund einer E-Mail, die zu Vorsicht und Verständnis aufruft, ein weiterer Schwarzer Mensch von einem Polizisten getötet werden könnte? Dieser Gedankensprung ist so groß, dass man als unbeteiligter Betrachter geradezu perplex davorsteht. Sich deswegen zu ängstigen macht so wenig Sinn, dass sogar jemand geistig nicht ganz Gesundes nicht auf diese Idee käme.

Der Twitter-User operierte ausgehend von der Grundidee der Erwählten, dass alle Vorstellungen jenseits ihres Radius Ketzerei sind. Also ist nur die Verfolgung zulässig; andere Konsequenzen bekämpfen den Rassismus nicht und arbeiten ihm in die Hände. »Also sollte er seinen Dienst überhaupt nicht tun«, schloss der Tweet. Und ab mit Galileo in den Hausarrest. Wir sehen: die Heilige Inquisition im Kleinformat. Moloney musste zurücktreten.

Der Imperativ der Erwählten hat auch die Religionsgemeinschaft der Unitarier schon ein gutes Stück weit durchseucht. Das lässt sich an Kommentaren aus dem inneren Zirkel ablesen, die ein Schlaglicht auf diese Form von Einstellung werfen. Reverend Richard Trudeau beispielsweise hat das »Zombie-Phänomen« beobachtet:

> Diese Führungspersonen – in der Unitarian Universalist Association, in unseren beiden Priesterseminaren und in der Unitarian Universalist Ministers Association – sind mittlerweile so kompromisslos und unnachgiebig, dass ich die Ideologie, die sich ihrer bemächtigt hat, mittlerweile für ein geistiges Virus halte, mit dem sie sich infiziert haben. Ich will mit dieser Analogie sicher nicht behaupten, dass sie geisteskrank sind, sondern nur, dass sie völlig festgefahren zu sein scheinen (man denke an den Kommunismus, 1917–1989). Opfer dieses mentalen Virus lassen sich daran erkennen, dass sie dazu aufrufen, »unsere Kultur der *White Supremacy* zu überwinden«.

Der ganz ähnlich alarmierte Reverend Todd Eklof hat ein Buch geschrieben, das in Teilen eine Kritik ist an diesem neuen Erwählten Element im Unitarismus. Die Unitarian Universalist Ministers Association hat es zensiert und ihn deswegen hinausgeworfen; außerdem wurde er von der Unitarian Universalist Fellowship ausgeschlossen und durfte nicht länger Ministerialpraktikantinnen und -praktikanten betreuen, weswegen unitarische, der Erwählten Ideologie skeptisch gegenüberstehende Geistliche landesweit nicht mehr offen ihre Meinung sagen.

Rückblickend werden Religionshistoriker und -historikerinnen das Jahr 2020 als den Zeitpunkt bestimmen, ab dem das Christentum in den USA an vielen Stellen sich langsam dem Erwähltsein zuwandte. Der Pfarrer der New Yorker Kirche St. Francis Xavier zum Beispiel ließ ein Gelübde ablegen, in dem sich alles um *White Privilege* und Rassengerechtigkeit drehte. Auf der Ebene des persönlichen Bekenntnisses verquickte er Katholizismus und Erwähltismus so, dass man deutlich mehr an *Wir müssen über Rassismus sprechen* denken musste als an Dorothy Day. Ungefähr zeitgleich ließ sich ein Schwarzer Teenager bei den Black-Lives-Matter-Protesten in Seattle dabei filmen, wie er Weißen erzählte, Schwarze Menschen seien »heiliger« – was nur stimmig ist innerhalb der Hierarchie der Erwählten, in der Weiße sogar den Teufel ausstechen, während die Heiligkeit aller anderen proportional zum Rang ihrer intersektionalen Unterdrückung zunimmt.

Und so geht es dann weiter

Das alles speist sich aus derselben Quelle. Was zunächst unzusammenhängend oder wie unkoordinierter Aktionismus von Durchgedrehten erscheinen mag, ist die Konsequenz aus einer Agenda von Leuten, die sich rund um eine neue Religion geschart haben, um darauf ein neues Amerika zu gründen.

Hier kommen ein paar weitere Beispiele, die diese Analyse stützen und die uns auf eine Art Besichtigungstour mitnehmen durch die gefühlte Lebenswirklichkeit im Jahr 2020, was das *Race*-Thema anbelangt:

1. New Yorks Bürgermeister Bill de Blasio beugte das Knie vor den Erwählten, indem er Demonstrationen trotz der Quarantäneanordnungen bewilligte. Heerscharen von Protestierenden gingen landesweit über Wochen auf die Straße. Sie standen oft eng beieinander, oft auch ohne Maske, sie brüllten und skandierten ausgiebig, und das trotz eines Virus, das sich über Tröpfcheninfektion verbreitet.

   Eine chassidische Hochzeit, bei der die empfohlenen Abstandsregeln nicht eingehalten wurden, ließ de Blasio auflösen, aber wenige Wochen später, als es um den Kampf gegen Rassismus ging, hatte er keinerlei Einwände, als deutlich mehr Menschen über einen deutlich längeren Zeitraum genau diese Regeln brachen. Er sagte: »Es tut mir leid, aber wenn eine Nation, eine ganze Nation, gleichzeitig mit einer außergewöhnlichen Krise kämpft, die ihren Ausgang in 400 Jahren Rassismus in

Amerika nimmt, dann ist das nicht dasselbe wie ein verständlicherweise verärgerter Geschäftsinhaber oder ein tiefgläubiger Mensch, der wieder zum Gottesdienst gehen möchte.«

Das war nichts anderes als Frömmigkeit, und zwar von exakt der Sorte, wie sie jene von ihm erwähnten tiefgläubigen Menschen bewegt. Dieser säkulare Amtsinhaber ließ also trotz eines extrem gefährlichen Virus, das allein in seiner Stadt schon Tausende von Menschen getötet hatte, die Demonstrationen zu. Der Grund dafür war, dass die Ideologie der Erwählten die Macht besitzt, in dem Augenblick, wo sich ein Konflikt zuspitzt, sogar wissenschaftliche Tatsachen beiseitezuwischen.

Und de Blasio war nicht der Einzige. Auch Menschen, die im medizinischen Sektor arbeiten, kritisierten seine Entscheidung nicht, wagten es aber, offen zu behaupten, es sei wichtiger, Rassismus zu bekämpfen, als die Übertragung eines potenziell tödlichen Virus zu vermeiden. Es war einer der mittelalterlichsten Momente in der jüngeren US-amerikanischen Geschichte. Wahrscheinlich waren nur die wenigsten der betreffenden Fachkräfte selbst Erwählte, aber sie kuschten vor deren Macht und verhielten sich, als gehörten sie dazu. Dieser Fall legte beredtes Zeugnis davon ab, dass Erwählte, die Kritik gerne mal als Überschätzung ihres Einflusses abtun, falschliegen. Ihr Einfluss ist groß.

2. Ein Freund schrieb auf Facebook, er würde *Black Lives Matter* beipflichten, und wurde dafür von einem anonymen Kommentator sofort hart angegangen:

»Sekunde! Du ›pflichtest ihnen bei‹? Das klingt ja, als könntest du ihnen auch nicht beipflichten! Das ist, als würdest du sagen, du pflichtest dem Gesetz der Schwerkraft bei! Ihr Weißen könnt nicht entscheiden, ob ihr zustimmt oder nicht, wenn Schwarze Menschen etwas behaupten! Zu sagen, ihr würdet ihnen ›beipflichten‹, ist GENAUSO arrogant, wie ihre Aussagen infrage zu stellen! Das hier ist keine intellektuelle Fingerübung! Hier geht es um IHR Leben!«

Diese Widerrede wirkt betont feindselig. Aber ab einem gewissen Punkt geht es einfach nicht mehr darum, einem Dogma in logischen Schritten von A bis Z zu folgen und dann zu entscheiden, ob es Sinn ergibt oder nicht. Ab einem gewissen Punkt gilt es, die Logik an den Nagel zu hängen und zu glauben. Das Problem ist nur, dass dieser Facebook-Kommentator und viele andere tatsächlich denken, es hätte etwas mit Fortschritt zu tun, wenn ihre Religion das neue Fundament der US-amerikanischen Gesellschaft wird.

Was 2020 zeitgleich geschah: Ein Angestellter der Fast-Food-Kette Taco Bell, der eine mit »BLM« beschriftete Maske trug, wurde von der Geschäftsleitung gebeten, die Maske zu wechseln, schließlich sei festgelegt, dass die Mitarbeiterinnen und Mitarbeiter nichts Politisches an den Arbeitsplatz mitbringen dürften. Das Twitter der Erwählten (im Gegensatz zu Twitter ohne Zusatz; wir müssen da unterscheiden) brannte lichterloh, so viele Leute wandten ein, dass *Black Lives Matter* nichts mit Politik zu tun habe. Anders gesagt: Die Positionen von *Black*

Lives Matter sind die unhintergehbare Wahrheit – und somit alle Verhaltensregeln oder Vorschriften irrelevant. Dieser aller Logik vorgeschobene Riegel ist, auch wenn er mit einem Lächeln daherkommt, genau das, was man als Religion bezeichnet.

3. Nach der Ermordung von George Floyd konnte man plötzlich regelmäßig Weiße dabei beobachten, wie sie Schwarzen Menschen mit einer dem Religiösen entlehnten Körpersprache huldigten, oft, während diese anwesend waren und solche Huldigungen entgegennahmen. In Bethesda, Maryland, gingen weiße Demonstrierende en masse gegen den Mord an George Floyd auf die Knie und skandierten Treueschwüre auf die Anti-weiße-Privilegien-Lehre. Angestachelt wurden sie von einer Art Pastor, und alle hielten sie die Hände in die Höhe. Durch die sozialen Medien geisterte ein anderes Vorkommnis: Weiße Demonstrantinnen und Demonstranten verbeugten sich vor den direkt vor ihnen stehenden Schwarzen und nahmen so, viele in Tränen aufgelöst, ihre Absolution entgegen. In Cary, North Carolina, wuschen weiße Protestierende ihren Schwarzen Mitstreitenden die Füße (ja, das ist wirklich passiert!). Andernorts empfanden Schwarze Protestlerinnen und Protestler es als etwas theatralisch, als weiße Aktivisten mit aufgemalten Peitschennarben durch die Gegend liefen, um ihr Mitgefühl für die Situation Schwarzer Menschen zu demonstrieren.

4. Mittlerweile haben nominell säkulare Institutionen offen für einen religiösen Umgang mit dem Thema *Race*

plädiert, fast, als wären sie noch die theologischen Seminare, die sie als Universitäten ursprünglich alle einmal waren. Ein Professor an der New Yorker Steinhardt School verteilte einen Vermerk, in dem unumwunden stand: »Unser erstes Leitprinzip lautet, dass die Teilnahme bei politischen Bewegungen wie *Black Lives Matter* gleichzusetzen ist mit der Entscheidung, einer religiösen oder spirituellen Versammlung beizuwohnen.« Und nein, er war weder Theologe noch Sozialwissenschaftler, sondern Professor für Statistik! Das Statement, mit dem sich das Allegheny College zu seinen Bemühungen um Bewusstwerdung und Abrechnung beim Thema *Race* bekannte, enthielt eine Bitte, die in ihrer Sprache an Gebete oder Psalmen gemahnte: »Demütig bitten wir um Gnade und Geduld. Wir sind nicht vollkommen, und wir werden Fehler machen.«

Wir haben es mit einem religiösen Glauben zu tun. Er hat einen eigenen Schöpfungsmythos: Alle heutigen Probleme beim Thema *Race* sind zurückzuführen auf das Jahr 1619, als die ersten Menschen aus Afrika an unsere Küsten gebracht wurden. Und: Der Unabhängigkeitskrieg wurde nur geführt, weil Großbritannien die Sklaverei abschaffen wollte – eine geschichtswissenschaftliche These, die führende Historikerinnen und Historiker für unpräzise halten.

Außerdem verfügt er über ein Testament, das aus den folgenden drei Bänden besteht: *Zwischen mir und der Welt* von Ta-Nehisi Coates, *Wir müssen über Rassismus sprechen* von Robin DiAngelo und *How to Be an Antiracist* von Ibram X. Kendi. Würde man diese drei Bücher als Sammelbox verkaufen, würde man den Schuber im ganzen Land auf Wohnzimmertischen und Kaminsimsen stehen sehen. Der Erwähltismus ist eine erfolgreiche Glaubensgemeinschaft, die relativ überzeugend evangelikal agiert. Seine Anhängerinnen und Anhänger lassen die USA von Jahr zu Jahr religiöser werden – und Sie gehören möglicherweise auch schon dazu.

Um diese Bezeichnung zu verdienen, muss man sich selbst nicht explizit als religiös oder gläubig beschreiben. Europäer, die voller Inbrunst an Gott, Jesus und seine Auferstehung, an Engel, den Teufel und Wunder glaubten, hielten sich bis ins 16. und 17. Jahrhundert hinein nicht für religiös, sondern für normal. Erst mit dem wissenschaftlichen Fortschritt, der reformatorischen Entzauberung und den Begegnungen mit anderen, radikal andersgläubigen Völkern der Erde entwickelte sich ein Bewusstsein dafür, dass es eben religiös – im Sinne von: nicht empirisch beweisbar – ist, bestimmten christlichen Glaubensvorstellungen anzuhängen. Ohne dass wir es merken, zwingt uns der Erwähltismus, wie im finstersten Mittelalter zu denken. Das ist beängstigend, ungerecht, rückwärtsgewandt – und schlichtweg falsch.

Was es in den USA heißt, ein intellektueller, ein moralisch handelnder oder ein künstlerisch tätiger Mensch zu sein, was es heißt, ein Kind zu erziehen, was, für Gerechtigkeit einzutreten, die eigene Meinung frei zu äußern oder überhaupt eine Nation zu sein, wird derzeit neu aufgestellt. Und zwar auf die Pfeiler einer Religion. Das ist direkt gegenläufig zur eigentlichen Gründungserzählung des amerikanischen Experiments, in der Religion keinen Platz hat im

Klassenzimmer, auf den Fluren der Ivy-League-Universitäten, in unseren ethischen Grundsätzen oder in der Festsetzung, in welcher Form sich die Mitglieder dieser Gesellschaft äußern dürfen. Das können so gut wie alle sofort nachvollziehen, weswegen jedes Missverständnis dieser Prämisse als rückständig angesehen wird. Und trotzdem werden wir seit etwa 2015 von einem gewissen Teil der Bevölkerung immer zwangsläufiger in die Pflicht genommen, hier eine Ausnahme zu machen, weil behauptet wird, diese neue Denke sei so unbestreitbar korrekt und allen jahrtausendealten Versuchen brillanter Philosophinnen und Philosophen, eine letztgültige Ethik zu bestimmen, so derart wundersam überlegen, dass wir uns nur in demütiger Zustimmung verneigen können.

Ziel dieses Buches ist es zu zeigen, dass eine gewisse angesagte Einstellung weniger progressiv als vielmehr absonderlich ist, etwas, das wir nicht als höhere Weisheit durchgehen lassen dürfen, sondern das zu umgehen und dem zu widerstehen wir lernen müssen. Eine Gesellschaft, die zusammenhält und in die Zukunft blickt, sollte dieses Denken wie ein Virus behandeln, wie eine bedauernswerte, vielleicht aber unvermeidliche Konsequenz aus der modernen Sozialgeschichte, die jedoch beständig korrigiert werden muss. Wir sollten hoffen, dass sie irgendwann wieder verschwindet, aber wenn das unmöglich ist – der wahrscheinlichere Fall –, sollte diese Denke zu einem Randphänomen unseres Lebens gemacht werden, so wie die Pocken.

Eine als globaler Fortschritt bemäntelte neue Religion bringt uns nicht weiter, sondern schickt uns auf Abwege. Eine solche Religion ist nicht altruistisch, sondern leistet nur

Selbsthilfe. Sie ist nicht das Licht der Sonne, sondern ein Schmarotzerpilz. Es ist hoch an der Zeit, dass es normal wird, sie als das zu benennen, was sie ist, dass wir aufhören, vor ihr zu kuschen, und nicht länger zulassen, dass sie Menschen weniger sein lässt, als sie sein könnten – Schwarz nämlich und alles andere auch. Nichts ist korrekt daran, die Essenz des amerikanischen Denkens und der amerikanischen Kultur in den Boden von Religion und Glauben zu verpflanzen. Manche werden sogar so weit gehen und zugeben, dass es eine Religion ist, dann aber sofort fragen, warum wir sie nicht einfach als unsere neue Nationalkonfession akzeptieren können. Das Problem ist, dass man mit den Anhängern und Anhängerinnen dieser Religion – wie es einer Religion wesensgemäß ist – nicht über gesellschaftliche Verfahrensweisen und Schwerpunkte diskutieren kann. Sie sind an dieser Stelle einfach mittelalterliche Menschen mit einem Macchiato in der Hand.

Stellt man diesen Leuten ein paar ernsthafte Fragen, heulen sie auf, als böge man ihnen den Finger zurück. Aber nein, es geht ja nicht darum, dass sie sich ihre Macht nicht nehmen lassen wollen: Die Erwählten sehen sich selbst als diejenigen, die den Mächtigen die Wahrheit sagen, und nicht als diejenigen, die im Besitz der Macht sind. Bedroht ist in ihrer Wahrnehmung immer nur ihr Daseinszweck als engagierte Menschen in dieser Welt. Dafür dürfen wir sie doch nicht hassen. Unser Problem aber ist die tiefe Kluft zwischen dem, was sie als persönliche Mission empfinden, und dem, was wir anderen so vorhaben. Und natürlich die Tatsache, dass es zu ihrer Mission gehört, andere Menschen in aller Öffentlichkeit des Rassismus zu bezichtigen.

Die Erwählten werden nicht davon ablassen, sich von der Bezeichnung ›Religion‹ diskriminiert zu fühlen. Aber alle Beispiele in diesem Kapitel haben doch schmerzhaft deutlich gemacht, dass der Erwähltismus eindeutig eine Religion ist, auch wenn er sich einer Sprache bedient, die ihn irreführend unter *Politik*, *Engagement* und *soziale Gerechtigkeit* verschlagwortet. Wir sollten uns nicht täuschen lassen: Religion kennt keine Kultur. Weder wird in allen Religionen ein Gott verehrt (die Erwählten haben keinen), noch gibt es überall das Konzept der Vergebung (das die Erwählten offenbar sowieso noch nicht begriffen haben). Wie Eric Hoffer schrieb: Religionen brauchen keinen Gott, aber einen Teufel. Und diesen Punkt beherrschen die Erwählten schon ganz gut. Aberglaube, Klerus, Sünden, Missionierungsdrang, der Ekel vor dem Unreinen – es ist alles da. Für sie ist all das fleischgewordene Logik.

Das war es für Tomás de Torquemada auch, als er lustvoll die spanische Inquisition anführte.

3 / Was macht diese Religion für so viele so attraktiv?

Mit einigem Abstand betrachtet sieht es so aus, als hätten wir es mit Leuten zu tun, die verrückt geworden sind. So aber kommen wir nicht weiter. Denn: Wie viele Leute können wir realistischerweise als wahnsinnig abstempeln? In welcher menschlichen Gesellschaft ist eine Gruppe von derart kritischer Größe jemals zeitgleich geistesgestört gewesen?

Eine Religion tröstet. Sie hilft dabei, den Dingen einen Sinn abzugewinnen. Die Frage ist, warum speziell diese Religion, die so oft mit beißender Verachtung verkündet wird, für so viele tröstlich ist. Dafür müssen wir uns zunächst die Wurzeln der Bewegung ansehen.

Was sagt die Critical Race Theory?

Die Critical Race Theory nahm ihren Anfang, als eine Gruppe von Rechtswissenschaftlerinnen und Rechtswissenschaftlern vor einigen Jahrzehnten etwas zu entwickeln begann.

Damals skandierte noch niemand die Namen ermordeter Schwarzer, während er oder sie gleichzeitig den wissenschaftlichen Nachwuchs torpedierte, Leute von ihrem Redaktionsjob bei einer Zeitung entband oder sie wegen ihrer ›problematischen‹, also blasphemischen Ansichten exkommunizierte.

Der Unterschied zwischen der guten alten Linken und den modernen Erwählten begann sich zu manifestieren, als beispielsweise der Juraprofessor Richard Delgado anfing, Nichtweißen beizubringen, ihre Klagen über Ungerechtigkeiten nicht mit etwas so »Starrem« wie der objektiven Wahrheit zu begründen, sondern mit der »breiten Geschichte enttäuschter Hoffnungen und jahrhundertelanger Misshandlung, die ein gesamtes Volk betrifft und die kulturhistorische Folie ihrer Beschwerden ist.«

Diese Argumentation ist der Ausgangspunkt der heute so automatisierten Praxis, nichts zu hinterfragen, wenn eine Person of Color behauptet, Rassismus erfahren zu haben. Wer das nicht so sieht, ist ›problematisch‹.

Regina Austin, ebenfalls Juristin, definierte einen weiteren Pfeiler dieser Philosophie:

> Eine neue Politik der Identifikation, die sich kritisch auseinandersetzt mit der Frage nach einer positiven Bewertung von Schwarzem Gesetzesbruch, könnte dem, was zur rein rhetorischen Figur geworden ist, wieder etwas Leben einhauchen … Der Rückgriff auf die Kultur des Gesetzesbruchs würde dem heutigen Schwarzen Mainstream-Diskurs, der gekennzeichnet ist von ausgeprägter Verbindlichkeit, Respektabilität, Sentimentalität

und Anständigkeit, ein bisschen Härte, Widerstandsfähigkeit, Unverblümtheit und Widerspenstigkeit hinzufügen.

Anders gesagt: Politik braucht einen guten, gottverdammten Schuss *Street*! Ja, das kam von einer Rechtsgelehrten, und derlei Äußerungen waren der Ursprung der Idee, dass die alten Regeln für Menschen of Color nicht gelten. Vergiss (scheiß auf?) Anstand und Bürgerlichkeit, ja sogar auf alle Logik (s. o., Delgado): Es geht ausschließlich darum, wie du dich fühlst, genauer, wie sehr du die herrschende Ordnung verachtest. Die Critical Race Theory erzählt dir, dass sich alles nur um Hierarchien, Macht und deren Missbrauch dreht – und dass du als nichtweißer Mensch in den USA die größten Gemeinsamkeiten hast mit einem in Gefangenschaft geratenen und in Ketten gelegten Rudersklaven, der sich unter Deck abmühen muss.

Was für ein verengter Blick auf unsere moderne Gesellschaft das ist, wird auch jenen klar, die nicht Rousseau oder Rawls gelesen haben. Wir sollten uns nicht davon täuschen lassen, dass ›Critical‹ vorne steht, dass es um *Race* zu gehen scheint und dass es sich außerdem um eine Theorie handeln soll.

Auch wenn es einem seltsam vorkommt, dass erwachsene Menschen so etwas jemals ernst genommen haben: Weniger fantastisch mutet es an, wenn man es als Auswuchs der Dekonstruktion in den Literaturwissenschaften betrachtet. Die dekonstruktivistische Art zu lesen – und damit im erweiterten Sinne auch zu denken – behauptet, dass ein Text nicht nur eine Wahrheit vermitteln kann und unausweichlich in sich widersprüchlich ist, denn das Hauptmerkmal eines Textes ist ja, dass wir in unserer Unterschiedlichkeit als Lesende unendlich viele Botschaften aus ihm herauslesen können. Kein Text kann also eine eindeutige Aussage treffen.

Anfänglich war das eine interessante Herausforderung dessen, was wir für die Wahrheit oder sogar die Wirklichkeit halten. Unerlässlich wurden damit komplexe Reflexion, intelligente Vorstellungskraft und sogar ein gewisser gesellschaftshistorischer Progressivismus. Das Problem ist nur, dass dieser Ansatz in der Praxis verwässert wurde und unter anderem zu diesem sinnfreien, in sich widersprüchlichen und trotzdem aufklärerisch präsentierten Katechismus der Widersprüche gerann, wie wir ihn in Kapitel 1 kennengelernt haben. Die Critical Race Theory (CRT) ist die Wurzel der heute weit verbreiteten, offensichtlich sinnlos-manipulativen Vorstellung, dass ein Schwarzer Mensch, der behauptet, Rassismus erlebt zu haben, automatisch recht hat, einfach weil … er Schwarz ist und vor dem Hintergrund ›seiner Erfahrung‹ spricht.

Wer das vollkommen absurd findet, bekommt von den Anhängern und Anhängerinnen dieser Vorstellung nur sehr unwahrscheinlich eine echte Erklärung. Schwarze Menschen haben diese Grundannahme im Normalfall längst unbewusst internalisiert und sich zu eigen gemacht – was man niemandem zum Vorwurf machen kann, schließlich ist diese Idee ein probates Mittel, andere davon abzuhalten, nicht einer Meinung mit ihnen zu sein – und das finden doch alle attraktiv. Weißen Menschen gefällt die Idee, weil sie so zeigen können, wie tiefgehend sie verstanden haben, dass Rassismus existiert. (Oft, so unterstelle ich, übernehmen sie diese Idee auch nur, weil sie die Schwarzen Menschen, für die sie sich einsetzen, eigentlich für kognitiv defizitär halten, worauf sie sehr menschlich reagieren und einfach nur beschwichtigen.)

Der typischen Juraprofessorin ist die Critical Race Theory egal. Sie hofft, es mit keinem ihrer Verfechter zu tun zu bekommen, schließlich haben die meisten Menschen Besseres zu tun, als sich für etwas beschimpfen zu lassen, das sie eigentlich nicht besonders interessiert. Dass die prominentesten Vertreter und Vertreterinnen der CRT fast alle Personen of Color waren, verbietet die Kritik an dieser ›Theorie‹ für die meisten in besonderem Maße. Wer es wagt, sich mit der CRT anzulegen, also mehr als eine höflich-humorvolle Spitze anzubringen, am besten noch irgendwo, wo Leute auch wirklich zuhören, wird als Rassistin oder Rassist abqualifiziert oder, falls selbst of Color, als gebrochen abgetan, so, wie es dem Schwarzen Harvard-Juristen Randall Kennedy 1989 nach der Veröffentlichung eines Artikels passiert ist.

Die Lehren aus dieser Theorie sind also ungestört bis in unseren Alltag durchgesickert. Heute haben die meisten Erwählten von dem theoretischen Hintergrund noch nicht einmal gehört, so wie diejenigen, die sich für alle möglichen ›Rechte‹ einsetzen, im Normalfall auch keinen Locke zitieren können. In der harten Linken sind die Ideale der CRT heute fest verankert. Robin DiAngelos *Wir müssen über Rassismus sprechen* zum Beispiel liest sich wie eine bizarre Übung in Gedankenkontrolle, erstellt von einer manipulativen, gut bezahlten Person. Das aber ist eine Fehlinterpretation: Dieses Arbeitsbuch basiert auf Prinzipien, die in den

Seminaren der Critical Race Theory begründet wurden und an die seine Autorin so ernsthaft glaubt, dass sie sie aus boshaftem Sendungsbewusstsein heraus bewirbt.

Oder: Inmitten der landesweiten Proteste gegen die Polizei wurde der Autor eines Buchs mit dem Titel *In Defense of Looting* (in etwa: »Zur Verteidigung des Plünderns«) von einem öffentlich-rechtlichen Radiosender interviewt. Das Buch, so hieß es, greife »einige Grundüberzeugungen und Strukturen der cisheteropatriarchalen, rassistisch-kapitalistischen Gesellschaft« an und vertrete die Auffassung, Eigentumsrechte seien »keine natürlichen Gegebenheiten, sondern gesellschaftliche Konstrukte«, von denen einige wenige auf Kosten vieler profitierten und die gestützt würden von »Ideologie, Ökonomie und Staatsgewalt«. *Burn, baby, burn* als Fortschritt? Diese Betrachtungsweise führt auf direktem Weg zurück zu den Vorschriften, die wir schon bei Regina Austin formuliert gesehen haben.

Nichts illustriert dieses Vermächtnis besser als eine Sitzung des New Yorker Schulamts aus dem Jahr 2020, die im Internet nachzusehen ist. Geistig völlig gesunde Menschen werfen hier in vollem Ernst mit rhetorischen Phrasen um sich, die direkt aus dem Erwählten Textbuch zu stammen scheinen. Als wären sie geläuterte Jünger und Jüngerinnen des Heiligen Petrus, singen sie das Loblied auf *Wir müssen über Rassismus sprechen* und *How to Be an Antiracist* und sagen anderen, dass sie diese Bücher unbedingt lesen müssten, obwohl sie selbst deren Kernaussagen nicht erläutern können. Überhaupt sind sie in ihrer unzugänglichen Intoleranz völlig unfähig, mit irgendjemandem, der nicht so denkt wie sie, irgendwie in sinnvolle Interaktion zu treten.

Der Höhepunkt dieser Sitzung ist, als eine weiße Erwählte sich gegenüber einem weißen Mann empört, der ein Schwarzes Kind auf dem Knie sitzen hat. Die Frau behauptet, ein solcher Anblick würde »sie« verletzen (also uns arme Schwarze Menschen, für die dieser Anblick ist, als würde Ex-Ku-Klux-Klan-Chef David Duke mit unseren Kindern Hoppe, hoppe Reiter spielen). Auch als sich herausstellte, dass dieser Mann gut mit der Mutter des Kindes befreundet war und ihre Kinder gemeinsam aufwuchsen, änderte das nichts. Offen gestanden wirkt diese Erwählte hier wie eine selbstzufriedene Idiotin. Aber letzten Endes sind Leute wie sie unschuldige Abkömmlinge jener Studierenden, die circa 1997 die Einführung in die Critical Race Theory von Crenshaw, Gotanda, Peller und Thomas mit sich herumtrugen (eine der wichtigsten frühen CRT-Anthologien).

Warum werden Weiße zu Erwählten?

Aus einer wenig bekannten, abseitigen Rechtstheorie ist also heute ein Modus Operandi geworden, der landesweit zu unanfechtbaren Suspendierungen, Kündigungen und öffentlichen Bloßstellungen führt, was seine Verfechterinnen und Verfechter allen Ernstes für gerecht und damit als Schritt hin zu einer schönen neuen Welt halten.

Wie aber hat es dieses Denken geschafft, sich ausgehend von Jura-Seminaren im ganzen Rest der Welt zu verbreiten? Was finden Menschen an dieser Denkweise so attraktiv, dass sie sie nicht nur zu ihrem persönlichen Credo machen, sondern auch kein Problem damit haben, von ihr ausgehend andere Menschen zu beleidigen, zu missbrauchen und zu zerstören?

Das ist vor allem deswegen eine drängende Frage, weil sich die Critical Race Theory mit etwas Abstand betrachtet als besonders ›verrückt‹ liest. Mit Ausnahme der Dekonstruktion (die das allerdings nicht geschafft hat!) fallen mir nur wenige intellektuelle Konstrukte ein, die auf den ersten Blick mit noch geringerer Wahrscheinlichkeit einen Weg in die US-amerikanischen Küchen und Wohnzimmer hätten finden können.

Verglichen mit der Critical Race Theory sieht der Marxismus so einfach aus wie das ABC. Aber nun sind wir heute an einem Punkt, an dem völlig normale Leute die Lehren der Critical Race Theory in alle Kanäle blasen. Warum?

Die Antwort darauf fällt unterschiedlich aus. Es hängt davon ab, ob man weiß ist oder – um einen gerade angesagten Begriff zu verwenden – BIPoC (steht für: *Black, Indigenous, and People of Color*).

Für Weiße ist das Erwähltsein eine natürliche Konsequenz aus jener Transformation der Linken, wie der Philosoph Richard Rorty sie in *Stolz auf unser Land. Die amerikanische Linke und der Patriotismus* beschrieben hat: der Verschiebung von einer reformistischen Linken hin zu einer Kulturlinken ab den 1960er Jahren. Rortys Buch beginnt mit der These, das US-amerikanische System sei zu kaputt, um Reformen verdient zu haben, wahre Gerechtigkeit benötige die Veränderung all unserer kulturellen Werte. Diese Idee ist, wie die literarische Dekonstruktion auch, per se interessant genug, um angehört zu werden. Allerdings ist eine ihrer geradezu unvermeidlichen Konsequenzen, dass ihre Anhängerinnen und Anhänger sich eher dem Inneren zuwenden: Individuelles Engagement ist irgendwann nicht mehr schlicht von einer Botschaft motiviert, sondern nur noch von dem Gefühl, ein Mensch mit einer Botschaft zu sein.

Rorty schrieb in seinem Buch, es entstünde der Eindruck, dass schon emotionale Selbstdarstellung eine Form von Überzeugungsarbeit sei, schließlich bergen die eigenen Gefühle, wenn man denn die »korrekten« Ideale habe, als solche eine gewisse moralische und sogar logische Autorität. Kein Mensch setzt sich täglich hin und überprüft seine zentralen Werte auf ihre Gültigkeit. So ist diese Kulturlinke zu der Überzeugung gelangt, ihre Gefühle seien per se eine Art politisches Manifest.

Im Ergebnis kommt das heraus, was Nick Srnicek und Alex Williams als »Folk-Politik« bezeichnet haben: eine Politik, deren Hauptanziehungskraft darin liegt, »die Komplexität auf ein menschliches Maß zu reduzieren«, was sich manifestiert in der Vorstellung, Meinung abzulassen sei gleichzusetzen mit vernünftiger Argumentation. Der Erwähltismus präsentiert sich zwar als komplex – weil er uns zum Beispiel eine als notwendig gesetzte ›Arbeit‹ abverlangt –, ist aber eigentlich relativ einfach, schließlich ist er motiviert von dem schlichten Bestreben, zu beweisen, dass man nicht rassistisch ist. Und Einfachheit finden wir alle attraktiv. Der Erwähltismus ist also eine Art Politik-Hack.

Der Dichter Czesław Miłosz brachte auf den Begriff, welchen Genuss und welche Erleichterung Konformität generiert. Wer schließlich mag das Gefühl nicht, alles im Griff zu haben? Das Gefühl, nichts weiter tun zu müssen, als auf einen Knopf zu drücken, und schon passt alles zusammen, kann wunderbar sein – man denke nur an den Freudenrausch nach der Lösung einer Algebra-Aufgabe, an den gefühlten Frieden, wenn man endlich klar hat, dass eine Beziehung in die Brüche gegangen ist, oder an dieses tröstliche Gefühl, wenn man feststellt, dass die aufs Handy heruntergeladene App auch auf dem iPad installiert wurde und man das nicht doppelt machen muss.

In einer endlosen Reihe politischer Philosophien, die dieses Gefühl von Stimmigkeit anbieten, ist der Erwähltismus nur eine weitere. Mit seinem recht konkreten Fokus entfaltet er sogar noch größere Sirenengesangshaftigkeit als viele andere, der Marxismus zum Beispiel. Engagiert sich der Marxist für ein abstraktes Proletariat, das zu motivieren oder im echten Leben klar auszumachen oft schwierig ist, engagiert sich der Erwählte gewissermaßen für George Floyd – und der war keine Abstraktion.

Natürlich muss, wer wahrhaft erwählt sein will, eine sich selbst geißelnde Schuld für Dinge auf sich nehmen, die er oder sie nicht getan hat. Aber sogar das fühlt sich seltsamerweise gut an. Was wiederum ein Merkmal des »westlichen Masochismus« ist, wie uns der Philosoph Pascal Bruckner beigebracht hat. Der Autor und Journalist Douglas Murray bringt diesen Gedanken scharf formuliert auf den Punkt: »Die Menschen machen sich Vorwürfe, weil sie sich gern Vorwürfe machen. […] Es hebt ihre Laune, sie fühlen sich erhöht. Statt einfach für sich selbst verantwortlich zu sein und nur ihrer Familie, ihren Bekannten gegenüber Rechenschaft abzulegen, werden sie zu selbsternannten Vertretern der Lebenden und der Toten, Träger einer furchtbaren Geschichte und potenzielle Erlöser der Menschheit. So wird ein Niemand zum Jemand.« Murray bezieht sich hier zwar auf die Einstellung der Linken gegenüber dem Islam, aber die Analyse lässt sich auf die heutige Haltung der Erwählten gegenüber Schwarzen Menschen eins zu eins übertragen.

Man denke hier auch an Émile Durkheims Begriff des »kollektiven Bewusstseins«, der eine Erklärung bietet für den seltsamen Umstand, dass weiße Erwählte *woker* sind als die meisten Schwarzen Menschen. Umfragen sind zu diesem Ergebnis gekommen, das sich auch in Vorgängen spiegelt wie dem 2020 erfolgten Aufruf, bei der Scrabble-Weltmeisterschaft das N-Wort und andere Beleidigungen zu verbieten. Zu diesem heiklen Thema gab es viele Meinungen, aber es war doch bezeichnend, dass Schwarze Scrabble-Spielerinnen und -Spieler tendenziell ein geringeres Interesse am Verbot dieser Schimpfwörter hatten als weiße.

Immer wieder scheinen die Erwählten nur kurz davor zu stehen, Schwarzen Menschen – die sie doch angeblich so sehr verehren und denen gegenüber sie sich moralisch auf ewig verpflichtet fühlen – zu sagen, sie wüssten wohl selbst nicht, was gut für sie sei. Schwarze Menschen, die in Problemvierteln leben, halten zum Beispiel im Allgemeinen gar nichts von der Idee, der Polizei wegen dem, was George Floyd und so vielen anderen passiert ist, die Mittel zu streichen. Das Erwählte, von den Mainstream-Medien massiv beworbene Narrativ hingegen redet diesen Widerstand klein als etwas, das vielleicht eine Überlegung wert ist (aber so, wie es das tut, kann man es im Großen und Ganzen als Ablehnung bezeichnen). Die hier zu beobachtende Herablassung ist brutal. Es ist religiöser Wahn, der diese Quadratur des Kreises befördert, mitsamt dem damit einhergehenden individuellen Genießen. Die Begeisterung darüber, eine Ordnung der Dinge identifiziert zu haben und sich wichtig zu fühlen, bekommt ein größeres Gewicht als das, was Schwarze Menschen tatsächlich empfinden.

Unter anderem deswegen erklären so viele die Erwählten für verrückt. Es ist aber auch schon mehrfach argumentiert worden, dass der Erwähltismus schlichtweg ein Loch füllt, das sich seit den späten 1960er Jahren durch die säkulare Verschiebung unter intellektuellen US-Amerikanerinnen und -Amerikanern aufgetan hat. Wenn man so analysiert, ist es nur menschlich, religiöses Gedankengut zu brauchen, um sich in seinen Grundfesten versichert zu fühlen. Denn wenn institutionalisierte Religion nicht mehr die Basis des Denkens ist, dann tritt eben eine thematisch ähnlich gelagerte Ideologie an ihre Stelle.

Ich überlasse es an dieser Stelle Philosophinnen und Theologen, diese These in all ihrer Tiefe auszuloten. Es fällt allerdings schwer, in Vorhersagen wie denen von Sigmund Freud – die er warnend und nicht gutheißend verstanden wissen wollte – kein geradezu hellseherisches Vorauswissen zu erkennen:

> Wenn Sie aus unserer europäischen Kultur die Religion wegschaffen wollen, so kann es nur durch ein anderes System von Lehren geschehen, und dies würde von Anfang an alle psychologischen Charaktere der Religion übernehmen, dieselbe Heiligkeit, Starrheit, Unduldsamkeit, dasselbe Denkverbot zu seiner Verteidigung.

Hier schreibt ein österreichischer Psychoanalytiker im Jahr 1927 exakt über das, was sich in den USA 100 Jahre später manifestiert, wenn bei Elternvertretertreffen an Schulen mit einem Buch wie *Wir müssen über Rassismus sprechen* herumgefuchtelt wird oder Institutionen Ibram X. Kendi für ein dreiviertelstündiges Interview auf Zoom 20000 Dollar anbieten. Um solche Absonderlichkeiten der Jetztzeit zu beschreiben, benutzen wir üblicherweise nicht das Wort ›Religion‹. Aber wenn wir das doch tun – so viel ist festzuhalten –, sind sie plötzlich gar nicht mehr so absonderlich.

Die Dekonstruktion hegemonialer Strukturen?

Und jetzt geht es darum, warum die Erwählten als angeblich aktivistische Bewegung so oft eher mit dem beschäftigt zu sein scheinen, was Aktivismus diametral gegenübersteht. Die Erwählten werden darauf bestehen, dass ihr Tun nichts damit zu tun hat, eine Ersatzreligion für den Protestantismus zu begründen. Für ihr Dafürhalten handeln sie, so habe ich es schon formuliert gesehen, aus einer »fortgesetzten weißen Verantwortung« heraus, »unsere eigenen Privilegien und die systemische Allgegenwart der *White Supremacy* zu dekonstruieren«.

Ach, was für eine Verführungsgewalt diese Sprache hat!

Aber ist es, wenn man einen Beitrag leisten will zu einer zukünftigen Gesellschaft, in der auf niemandem mehr das Gewicht von institutionellem Rassismus lastet, tatsächlich notwendig, dass sowohl der Präsident als auch der Vorsitzende der Poetry Foundation zum Rücktritt gezwungen werden, weil ihre Solidaritätserklärung mit *Black Lives Matter* nach dem Mord an George Floyd nicht lang genug war?

Ist es dafür tatsächlich notwendig, eine Frau, die sich über eine Äußerung der weißen NBC-Moderatorin Megyn Kelly lustig machen will und deswegen schwarzgeschminkt zur Party eines Kollegen bei der *Washington Post* kommt, wie eine widerwärtige, des menschlichen Umgangs unwürdige Ketzerin zu behandeln und sie in die Arbeitslosigkeit zu stürzen, statt sie einfach kurz zur Seite zu nehmen? Das Blackfacing war unklug, keine Frage; seit den späten 2010er Jahren verträgt sich – auch ironisch gemeintes – Blackfacing nicht mehr mit dem Humor der meisten gebildeten Menschen. Trotzdem: Sue Schafer, die Übeltäterin, wollte sich damit eindeutig dem Trommelfeuer der Kritik an Kelly anschließen, die in ihrer eigenen Fernsehshow geäußert hatte, Blackfacing nicht problematisch zu finden. Dass diejenigen, die Schafer dann anklagten, sie habe mit ihrem unbeholfenen Patzer die gesamte Party »unsicher« gemacht, so, als sei sie volltrunken hereingewankt gekommen und hätte mit einem Messer herumgefuchtelt, konnte nur in den späten 2010er Jahren Grund genug für einen Rauswurf sein. Und ein paar Leuten reichte es eben auch nicht, sie von der Feier wegzujagen; man stürzte sich in das Projekt, die Zeitung dazu zu bringen, diese Frau wegen Missachtung der Verhaltensregeln zu feuern. Und man war erfolgreich damit – obwohl man so weit gehen musste, den Gastgeber zur Herausgabe ihres Namens zu nötigen, damit man die Verfolgung aufnehmen konnte.

Ist es dafür, dass diejenigen, auf denen das Gewicht des institutionellen Rassismus lastet, tatsächlich grundlegend andere Erfahrungen machen, wirklich notwendig, dass Gary Garrels, langgedienter Kurator am Museum of Modern Art in San Francisco, als er die Kritik, das Museum widme sich nichtweißen Künstlern und Künstlerinnen nur in ungenügendem Maße, öffentlich gelten ließ, aber noch hinzufügte, das Museum würde trotzdem nicht aufhören, weiße Kunstschaffende zu sammeln, denn das wäre »umgekehrte Diskriminierung«, seinen Job los war? Dass die Formulierung unterstellte, Nichtweiße könnten, obwohl grundsätzlich machtlos, trotzdem rassistisch sein, war ausschlaggebend dafür, dass er gefeuert wurde. Ich habe Garrels Mitte der 1990er Jahre zufällig ein bisschen kennengelernt und weiß, was für ein temperamentvoller, manchmal ein wenig ungefilterter Zeitgenosse er sein kann. Aber wenn er das, was er 2020 gesagt hat, 1990 gesagt hätte, wäre er nicht arbeitslos geworden.

Der Vorfall verdient, etwas näher betrachtet zu werden. Gary Garrels wurde gekündigt, weil er eine bestimmte Begrifflichkeit benutzt hatte. Unterdessen sammeln sich in San Franciscos Tenderloin-Viertel, kaum einen Kilometer Fußweg vom Museum entfernt, Heerscharen von Menschen, die sich keine eigene Wohnung mehr leisten können und die in notdürftigen Zeltbehausungen auf der Straße leben. Sollte es zwischen dem Tadel an Garrels' Wortwahl und den ›Strukturen‹, die diese Menschen auf der Straße halten, auch nur den geringsten Zusammenhang geben, dann gestaltet er sich auf ziemlich brutale Weise indirekt.

Und trotzdem sprachen die Erwählten, die Garrels' Fenstersturz betrieben, von der Dekonstruktion der Strukturen. ›Struktur‹ ist ein Wort lateinischen Ursprungs, mit einem harten, knackigen »kt« in der Mitte. Es klingt gebieterisch, vor allem dann, wenn ihm ein dramatisches Wort wie ›Dekonstruktion‹ vorangestellt wird. Das bei den Erwählten ebenfalls äußerst beliebte Wort ›Hegemonie‹ ist auf seine Art ebenfalls furchteinflößend, weil es im Englischen so leicht falsch ausgesprochen wird. Tief in ihrem Innersten wollen viele es *»hedge-a-mony«* aussprechen, weswegen es gleich ein gewisses Gewicht bekommt, wenn man es denn schafft, richtig *»heg-a-mony«* zu sagen.

Aber das sind alles Fragen der Ästhetik. Hinter den großen Worten und einschüchternden Phrasen wird meist so schludrig mit der Logik umgegangen, wie man es von Donald Trumps Sprecherin auch nicht anders erwarten würde. Garrels' Entlassung hatte gar nicht – so sagen es diese Leute ja gern – »die Funktion, die Strukturen zu dekonstruieren«. Die Strukturen bleiben im Tenderloin, nur einen kurzen Spaziergang vom Museum entfernt, unverändert an Ort und Stelle. Garrels' Entlassung hatte im Grunde ausschließlich die Funktion, seinen Inquisitoren und Inquisitorinnen das Gefühl zu geben, heroisch zu sein, und voreinander edelmütig dazustehen. Sie stellten ihren Glauben aus und taten so ihre Pflicht als Mitglieder einer religiösen Gemeinschaft. Um das Betreiben von gesellschaftlichem Wandel ging es gar nicht.

Es ist wie mit den Höhlen und Festungen von Kindern. Kinder bauen gern welche, manchmal wird draußen ans Haus an-, manchmal aus Stühlen, Kissen und Decken drinnen gebaut. Erwachsene fragen sich vielleicht, wofür diese Bauwerke gut sein sollen, aber Kinder haben ihre Antworten. Die draußen dienen zur Verteidigung gegen die Nachbarskinder – obwohl sie mit diesen Kindern ja eigentlich befreundet sind. Die drinnen verschaffen ihnen eine Möglichkeit, Erwachsenen den Zutritt zu verbieten. Als ob Erwachsene sich so tief beugen und in die Höhle rein wollten. Als ob die Kinder nicht sowieso ein Kinderzimmer hätten, das die Erwachsenen nur betreten, um ihnen eine Gutenachtgeschichte vorzulesen. Und als ob die Kinder wirklich von den Erwachsenen wegwollen würden.

Kinder bauen Höhlen und Festungen, weil sie gern Höhlen und Festungen bauen. Meistens verbringen sie, nachdem sie eine gebaut haben, gar nicht so viel Zeit darin. Menschen, die behaupten, ihre ›Arbeit‹ am geschärften Bewusstsein für *White Privilege* sei der Auftakt zu politischem Aktivismus, sind wie Kinder, die so tun, als dienten ihre Höhlen und Festungen tatsächlich dem Schutz. Zu behaupten, diese ganze Rhetorik und diese ganzen Kündigungen seien notwendig, um die ›Strukturen‹ zu verändern, fühlt sich gut an. Der wahre Grund, warum sie sich diesem verdächtig langen Vorspiel widmen, ist die Freude, die so gut wie alle von uns an der Feindseligkeit finden. Und wer sie selbst nicht als Waffe einsetzen will, hat meist nichts dagegen, dabei zuzusehen, wie andere sie zum Einsatz bringen.

Das liegt in der Natur des Menschen: Man begegnet anderen feindselig, und es macht Spaß, zum Teil deswegen, weil es ein Vademecum ist gegen den Schmerz, den man sich zufügt, wenn man diese Waffe gegen sich selbst richtet. Die Schuld der Zivilisierten, das Ressentiment: Das kommt nicht von mir, das sind Nietzsche, Freud und der gesamte humanistische Kanon. Moment mal – müssen wir Aufgeklärten diese Vorstellung nicht ganz weit von uns weisen, als das Geschrei von ein paar toten weißen Männern? Okay, versuchen wir es so: Wer steht nicht zumindest ein bisschen darauf, sich breitbeinig hinzustellen und zu brüllen: »Nein!« Oder: »Arschloch!« Oder auch: »Ketzer!«

»Wie kann er es wagen, alles über Bord zu werfen, was wir …« Aber ja, doch, ich wage es. Und ich wage es nicht nur, ich meine es auch so. Und hier kommt, warum: Wenn es der Philosophie der Erwählten wirklich ein Anliegen wäre, die Welt zu verändern, würden ihre Gemeindemitglieder doch pausenlos mit den Hufen scharren, um endlich rausgehen und Wandel bewirken zu können, so wie Jane Addams und Martin Luther King.

Wäre das so, wäre es ein großes Problem, die Erwählten dazu zu bringen, statt einfach rauszugehen und etwas Handfestes für echte Menschen in Not zu tun, still dazusitzen und bei dieser Nabelschau mitzumachen, diesen mit zusammengebissenen Zähnen durchgeführten hermetischen Reprogrammierungsübungen. Die sowieso kaum erkennbare Rolle, die diese traurige Performance-Kunst für die Linderung echten menschlichen Leids in der wirklichen Welt spielt, würde sich entsprechend belanglos anfühlen. Widerwillen und Verachtung würden ausgelöst bei allen, die den ursprünglich beworbenen Gestaltungs- und Veränderungswillen mal attraktiv fanden und die feststellen müssten, dass es nur um Selbstbeweihräucherung geht. Einen weißen Typen zu feuern, weil er »umgekehrte Diskriminierung« sagt, würde einem als das vorkommen, was es tatsächlich ist: Kabuki.

Erwählte, denen es um nachhaltige gesellschaftliche Veränderung ginge, würden doch zu den nur einen Steinwurf entfernt traurig auf dem Bürgersteig Kauernden gehen und sich bei den Gesetzgebern dafür einsetzen, dass nicht noch mehr Menschen in die gleiche Misere geraten. Sie wären heutige Dorothy Days. Will sagen: Sie wären auf eine Art politisch aktiv, wie man sie bis vor Kurzem noch für normal, wichtig und lobenswert gehalten hätte. Wenn diese Kids echtes Interesse daran hätten, sich gegen die Nachbarskinder zur Wehr zu setzen, würden sie es kaum für sinnvoll halten, nur ein winziges Zelt zu bauen.

Die Erwählten lehren uns, dass all diese Bücherverbrennungen und Buhrufe, all diese Halsdrehungen, Pliés und Twerks notwendig sind, bevor man sich an die eigentliche Arbeit macht. Aber nie sagen sie uns, warum das so ist. Vielleicht ist die Idee, dass wir dieses Theater aus irgendeinem Grund brauchen, um noch ein Stück weiterzukommen – obwohl es ja auch nicht nötig war, um dahin zu kommen, wo wir jetzt sind. Aber das sage ich jetzt nur in dem verzweifelten Versuch, dem Ganzen einen Sinn abzugewinnen. Die Erwählten selbst führen diese Rechtfertigung nie an, und sie wäre ja, ehrlich gesagt, auch ziemlich lahm.

Jetzt mal echt: Man schmeißt Garrels aus dem Job und bringt den Leuten so bei, niemals »umgekehrte Diskriminierung« zu sagen. Schön. Und wenn wir dann sicher sind vor diesem und anderen Wörtern, wird sich das Volk von San Francisco erheben und den Gesetzgeber zwingen, sich darum zu kümmern, dass niemand mehr in einem Zelt auf dem Bürgersteig schlafen muss? Da kann man doch nur fragen: Was soll der Quatsch? Und nein, ich habe hier nichts auch nur im Ansatz überzeichnet. Was ist die wahre Intention der Erwählten, wenn sie die Entlassung von Menschen wie dem redseligen Garrels betreiben? Was genau hat ihr Feuer-und-

Schwefel-Zinnober – die Anspielung ist Absicht – mit dem Schicksal tatsächlich leidender Menschen zu tun?

»Durchatmen«, so leitet uns Robin DiAngelo huldvoll in ihrer religiösen Einführungsfibel an. Aber sobald wir durchgeatmet haben, sollen wir Garrels auch schon wegen Ketzerei aus dem Job werfen – was keinem einzigen Menschen in Not irgendetwas bringt. Und genau an diesem Punkt stehen wir heute.

Erwähltismus ist einfach

Die Anziehungskraft des Erwähltismus beruht auf der Tatsache, dass er, auch wenn seine Fans behaupten, die relevanten Themen seien komplex, eigentlich auf ziemlich elementaren Erkenntnissen beruht. Am Ende des Tages ist der Erwähltismus einfach.

Ein Beispiel: Ganz besonders schräg an Robin DiAngelos *Wir müssen über Rassismus sprechen* ist, dass sie schreibt, Weiße würden sich nicht als weiß, sondern als menschliche Norm oder als Standard begreifen. Das stimmt zwar, aber sie stellt die Weißen dar als einen Stamm, der düster dreinblickend seine Planwagen umstellt und so das Weißsein gegen den drohenden Einfall des braunen Mobs verteidigt. Dieses Bild verwenden die Erwählten häufig. Man soll sich die Verwaltungsassistentin im Bekanntenkreis also als eine Frau vorstellen, der eigentlich gar nicht bewusst ist, dass sie weiß ist, deren Augen hin und wieder aber ganz plötzlich schmal werden – und dann wählt sie eben doch den weißen Kandidaten, jetzt davon getrieben, die

Macht der Weißen zu verteidigen, denen sie sich instinktiv plötzlich zugehörig weiß.

Dieser eklatante Widerspruch ergibt sich aus den grundlegendsten menschlichen Erkenntnisprozessen. Der Philosoph Robert McCauley beispielsweise hat festgestellt, dass das religiöse Denken, das allen Menschen gemein ist und das für unser kognitives System weniger unnatürlich ist als harte Wissenschaft, zu Anthropomorphismen neigt. Das erklärt, warum es so reizvoll ist, einen weißen Teufel an die Wand zu malen, obwohl man ansonsten gegen Essenzialismus ist. Der religiöse Imperativ überschreibt den wissenschaftlichen, der weniger natürlich für uns ist. Deswegen fühlen sich die Erwählten so wohl damit, dass sie klingen wie Louis Farrakhan, der Führer der *Nation of Islam.*

Damit erklärt sich auch die Anziehungskraft von Begriffen wie ›gesellschaftlich verankerter Rassismus‹, ›struktureller Rassismus‹, ›systemimmanenter Rassismus‹ und ›institutionalisierter Rassismus‹. Bei allen schwingt mit, dass wir mit ihnen genau den Rassismus bekämpfen, den wir bei jedem einzelnen intoleranten Rechten wittern. Wir geben Dingen, gegen die vorzugehen ansonsten unheimlich schwierig wäre, mit diesen Begriffen ein Gesicht. Jahrzehntelang haben sich USA-weit Menschen an diesen Begriffen gestoßen und schuldbewusst gedacht: Gibt es nicht doch einen Unterschied zwischen ungleichen Bedingungen und diskriminierenden Vorurteilen? Aber sie haben beschlossen, lieber nicht an der Sache zu rühren und weder sich selbst noch anderen Fragen zu stellen. Die Schwierigkeit besteht darin, dass es sich bei diesen zusammengesetzten Begriffen, in denen Rassismus vorkommt, um Anthropomorphismen handelt, die entstehen, wenn die Ungläubigkeit willentlich ausgesetzt wird.

McCauley stellt des Weiteren fest, dass religiöses Denken Handlungsmacht und einfache Ursache-Wirkung-Beziehungen betont. Und das erklärt wiederum die Vorstellung, dass sich diese boshaften Weißen zusammentun und sich gegen die Beschneidung ihrer Vorrechte zur Wehr setzen. Die Weißen als Gesamtheit – sprich: alle in diesem Land! – tun allerdings nichts, was diese Sicht auf sie stützen würde, wie wir sie im Kontext einer bestimmten linkslastigen Schwarzen intellektuellen Rhetorik seit den 1960er Jahren oft gehört haben und wie wir sie heute auch von Weißen selbst hören. Für die Erwählten allerdings ist die Realität an dieser Stelle weniger wichtig als das Narrativ – und das wiederum ist ein klares Merkmal der Critical Race Theory.

Hier überwindet die Sprache der Erwählten die Kluft zwischen Realität und Rhetorik geschickt mit dem Wort ›Funktion‹. Sie sagen: »X hat die Funktion, Schwarze Menschen nicht vorankommen zu lassen bei …«, wenn X etwas Abstraktes mit keiner konkreten Absicht ist und von daher eigentlich auch niemanden direkt am Vorankommen hindern kann. Aber ein dem Lateinischen entlehnter Begriff wie ›Funktion‹ macht zweierlei: Er unterstellt (1) als formal klingendes Wort eine höhere Vernunft und ist (2) wegen seiner Abstraktheit davon befreit, das, was da Schwarzen Menschen genau angetan wird, konkret zu benennen. Echte Fragen scheinen nebensächlich zu sein, wenn es um Gerechtigkeit geht.

Bitte bemerken Sie, dass ich nicht schreibe: Die Erwählten weichen echten Fragen aus, weil sie sie persönlich für unangemessen halten. Es ist eher so, dass ihnen beim Nachdenken über all diese Dinge grundlegend die Motivation dazu fehlt, einen Punkt aufs ›i‹ und einen Querstrich durchs ›t‹ zu machen, da sie ihre Weltsicht als so zweifelsfrei korrekt empfinden, dass alle Bedenken in puncto Genauigkeit über Bord geworfen werden können. Der Monsignore mag darüber nachsinnen, warum Gott so viel Leid auf der Erde zulässt – und das tut er meiner Erfahrung nach auch mit größerer Ernsthaftigkeit als die Erwählten, die sich nur selten einen Kopf machen über die neue Religion, der sie da anhängen. Aber letzten Endes ist Jesu Gnade für den Monsignore doch weitaus größer als all die lästigen Fragen, ob auch alles seine Richtigkeit hat. Das Herz der Erwählten hängt am Kampf gegen Rassismus – und daran zu demonstrieren, dass sie sich diesem Kampf widmen. Für sie reicht es, wenn irgendetwas ›die Funktion hat‹, denn wer hat schließlich Trayvon Martin, Michael Brown, Tamir Rice und George Floyd ermordet? Weiße sind Teufel, und nur darum geht es. Und nun lasst uns andere bekehren.

Trotz ihres durchschnittlich hohen Bildungsgrads und ihres avancierten Vokabulars setzen die Erwählten also lieber auf Intuition als auf kritische Fragen. Stillschweigend werfen sie so die zentralen Richtlinien wissenschaftlicher Forschung über Bord und kehren zurück zu einer – um einen ihrer Lieblingsbegriffe zu verwenden – ›Gefühlszentriertheit‹. Und zu ihren Gefühlen gehören auch solche der eher atavistischen Sorte, die lautstark danach verlangen, dass Menschen nicht nur kritisiert, sondern auch bestraft werden. In seiner Analyse trifft Michael Lind traurig genau den Punkt, wenn er die Erwählten sieht als Menschen, die

> einen vorliberalen, prämodernen religiösen Ansatz wiederaufleben lassen, der Gesellschaft begreift als eine Gemeinschaft der Tugendhaften und Gleichgesinnten. Entweder du bist wahrhaft gläubig oder ein Häretiker. Für Frevler darf es keine Kompromisse geben, und das Hauptkriterium für Frevelhaftigkeit ist nicht das Handeln – zum Beispiel offen diskriminierend aufzutreten –, sondern die Artikulation unbotmäßiger Haltungen oder die Weigerung, sich der ritualisierten politisch korrekten Sprache zu bedienen.

Dass sie, obwohl sie derart eloquent sind und derart überzeugt davon, über ein von uns anderen heiß begehrtes Wissen zu verfügen und ergo als gut informierte Erlöserinnen und Erlöser zu uns zu kommen, im Grunde doch eher wie Menschen sind, die mit der Mistgabel in der Hand über die Hügelkuppe gestürmt kommen, ist mit das Seltsamste an den Erwählten.

Schwarze Menschen begnügen sich mit dem Erwähltismus, weil sie sich so ganz fühlen

Und damit sind wir bei der Frage, warum Schwarze Menschen sich dafür entscheiden, Erwählt zu sein. Der Stolz darauf, aktiv für eine andere Gruppe einzutreten, kann es nicht sein, denn sie selbst bilden ja die Gruppe, für die eingetreten wird. Ganz sicher führen sich Schwarze Menschen auch nicht gegenseitig ihre moralische Unfehlbarkeit vor. Unter anderen Umständen würde allein die Herablassung, die in der Philosophie der Erwählten gegenüber Schwarzen Menschen steckt, den Erwähltismus so weiß machen wie QAnon. Und ich meine damit nicht nur Scrabble oder die Polizei. Sind wir wirklich so empfindlich, dass wir es nicht ertragen, wenn eine weiße Person eines unserer Kinder auf dem Knie sitzen hat?

Denken wir auch an die Idee, dass unser Augenmerk allzeit darauf gerichtet sein soll, Überreste von rassistischem Schubladendenken zu identifizieren und endgültig zu überwinden – womit unterschwellig suggeriert wird, dass es dieses Schubladendenken ist, das Schwarze Erfolge nachhaltig verhindert. In der gesamten Menschheitsgeschichte ist für keine einzige Gruppe jemals ein solches Argument formuliert worden. Nur wir sollen aufgrund einer irgendwie gearteten Besonderheit innerhalb der postindustriellen Bedingungen eines einzigen Landes erst dann nach vorne schauen dürfen, wenn wir die grundlegenden gesellschaftlichen Verfahrensweisen auf den Kopf gestellt haben. Wir – und nur wir – brauchen die weitreichende Transformation der psychosozialen und verteilungspolitischen Mechanismen in einer Gesellschaft, die trotz ihrer Fehlerhaftigkeit eigentlich doch ein funktionierendes demokratisches Experiment ist, in dem offener Rassismus in einem in der Geschichte der Menschheit noch nicht gekannten Ausmaß verboten ist – was man sich vor fünfzig Jahren noch nicht hätte vorstellen können und wahrscheinlich vor dreißig Jahren für Science-Fiction gehalten hätte.

Dieses Bild zeichnet Schwarze Menschen als geistig und spirituell minderbemittelte Kinder. Trotzdem haben Heerscharen Schwarzer Menschen mit tränenreicher Ernsthaftigkeit gelernt, es sich zu eigen zu machen. Heute unterschreiben sie zusätzlich noch den Katechismus der Widersprüche. Warum nur begnügen sich so viele Schwarze Menschen damit?

Es mag kontraintuitiv erscheinen, aber einer der Hauptgründe dafür ist Unsicherheit.

Niemand wird überrascht sein, dass eine Volksgruppe, deren Angehörige jahrhundertelang wie Tiere behandelt worden sind – Sklaverei, Rassentrennung, soziale Ausgrenzung –, ein beschädigtes Selbstbild davongetragen hat. Da ist kein Mutterland, auf das sich realistisch zurückblicken oder Bezug nehmen ließe: Eine Schwarze Frau aus Atlanta hat sehr viel mehr Gemeinsamkeiten mit einer weißen Frau aus Atlanta als mit einer Frau aus dem Senegal. Schwarze US-Amerikanerinnen und -Amerikaner werden nie ein eigenes Land besetzen, um noch einmal ganz von vorne anzufangen. Alles, was wir haben, sind wir, und in den 1960er Jahren ist etwas Merkwürdiges geschehen.

Die Rassentrennung wurde abgeschafft, und äußerlich wahrnehmbare Einstellungen zu *Race* und Hautfarbe veränderten sich in beispiellosem Tempo. Im Jahr 1960 lebte das Schwarze Amerika noch unter den erbarmungslosen Jim-Crow-Gesetzen, und viele Weiße, sogar gebildete, begriffen überhaupt nicht, warum man ihnen vorwarf, Vorurteile gegenüber Schwarzen Menschen zu haben. 1970 gab es keine Rassentrennung mehr, und zumindest die gebildeten Weißen hatten ein gereiftes Bewusstsein dafür, was es bedeutete, Rassenvorurteile zu haben. Es gab kein Entrinnen mehr vor neuen Begrifflichkeiten wie ›systemimmanenter Rassismus‹. Erinnern Sie sich an die endlose Verulkung von Borniertheit und Intoleranz in Norman Lears Sitcoms *All in the Family* und *Maude*.

Es war wie ein Wunder. Niemand scheint heute mehr sehen zu wollen, was für ein großer Erfolg derartige Errungenschaften für eine Nation waren, die beim Thema *Race* unbelehrbar sein soll. Aber es gab unerwartete Nachwirkungen: Die Rassentrennung war von ganz oben verboten worden, ohne dass sich Schwarze US-Bürgerinnen und -Bürger wie andere Gruppen langwierig, mühsam und gegen vorherrschende Einstellungen ihren Weg in die Autarkie erkämpfen mussten. Natürlich war es im Großen und Ganzen ein moralischer Fortschritt für das Land, dass eine untergeordnete Gruppe nicht nur das Beste aus dem Schlechten machen musste, ohne dass jemand Fragen stellte. Niemand von uns würde noch einmal zurückspulen wollen und die ganze Geschichte ohne den Civil Rights Act von 1964, den Voting Rights Act von 1965 und ohne den Fair Housing Act von 1968 erleben wollen.

Trotzdem aber gab es eine ironische Nebenwirkung: Schwarze Menschen konnten nämlich nicht einfach stolz darauf sein, all das trotz weitreichender Zurückweisung und trotz erbarmungsloser, unverhohlener Hürden, an denen sie sich ganz langsam, aber stetig vorbei- und hinüberarbeiten mussten, geschafft zu haben. Sicher, sie hatten die Bürgerrechtsbewegung vorangetrieben, und es hatte funktioniert. Aber da war es eben nur darum gegangen, Regeln und Gesetze zu ändern, was irgendwie wenig hilfreich dafür war, einen echten, tief empfundenen und nicht zu hinterfragenden Stolz darauf zu entwickeln. Wir konnten nicht behaupten, uns mühsam bis zu dem erreichten Punkt vorgekämpft zu haben, wohingegen die Weißen sich keinen Meter bewegt hatten.

Schwarze Menschen waren nie so massiv zerstört und »leergeschält«, wie Randall Robinson behauptet hatte. Der Grund, warum Schwarze Kinder sich in dem berühmten Experiment in den 1950er Jahren für die weiße Puppe entschieden, war ein beschädigtes ethnisches Selbstbild. Sogar die Kinder waren bereits von der unterschwelligen Idee geprägt, dass weiß besser war als sie. Ein gutes Jahrzehnt später, nach den großen Erfolgen der Bürgerrechtsbewegung, war die stolze Verbreitung von Slogans wie »Black Is Beautiful« ein Symptom genau dieses Minderwertigkeitskomplexes. Bemerkenswert, dass die Idee, Schwarz könnte schön sein, überhaupt betont werden musste.

Oder denken wir an Black Power. Wenn man mit einer Zeitmaschine ins Jahr 1970 zurückreisen und sich mit unterschiedlichen Schwarzen Aktivistinnen und Aktivisten unterhalten würde, stieße man auf wenig Einhelligkeit darüber, was dieser Begriff überhaupt bedeuten könnte, außer dass er eine rhetorisch prägnantere Variation von »Black Is Beautiful« darstellt. Er gemahnte daran, dass Schwarze Menschen stark sein können – aber auch hier war offenbar eine Erinnerung nötig –, und verwies auf wenig, was tatsächlich zu tun sein könnte. Es hinterließ ein Loch, das bis heute weit klafft.

Unter solchen Umständen suchen Menschen Ersatz für etwas, worauf sie stolz sein und womit sie sich identifizieren können. Ein – heute würden wir wahrscheinlich sagen – *Hack* für dieses Problem war der Status des edlen Opfers. Für alle bis auf die besonders stark mit Schwarzen Menschen Solidarisierten war es im Grunde doch immer klar, dass die Auseinandersetzung darüber, wie vorurteilsbehaftet Weiße sind und wie groß der gesellschaftliche Widerstand gegen die Errungenschaften Schwarzer Menschen seit 1970 ist, zu einem gewissen Teil immer übertrieben war. Rassismus ist eine Realität, und zwar eine äußerst facettenreiche, aber seit den späten 1960er Jahren beharrt eine Fraktion Schwarzer Intellektueller auf dem Standpunkt, dass es um vieles immer noch so übel bestellt ist wie 1940 – was viele Schwarze Menschen, die die Zeit der Rassentrennung noch selbst erlebt haben, ein bisschen verwirrt und sogar verärgert hat.

Es gibt einen Grund für diese Übertreibung. Wenn einem die innere Gewissheit fehlt, ein Daseinsrecht und zusätzlich etwas ganz Individuelles, Besonderes zu haben, dann ist es ein praktischer Ersatz, sich selbst als Überlebender oder Überlebende zu imaginieren. Daran können wir uns doch alle erinnern: Wer in der Schule unsicher ist, zeigt bequemerweise auf andere, die Schlimmes anstellen – vor allem dann, wenn dir etwas Schlimmes angetan wird.

Vor den späten 1960er Jahren hätten viel zu wenige weiße US-Amerikanerinnen und -Amerikaner überhaupt die Notwendigkeit gesehen, sich diese Sichtweise von Schwarzen erklären zu lassen. Sobald aber eine kritische Menge von Weißen das tat, war die Bühne bereitet für einen grundlegenden Einstellungswandel hinsichtlich dessen, was als authentisch Schwarzes Denken galt. Weiße – oder zumindest eine kritische Masse von ihnen – sahen es nun eifrig als ihre Aufgabe an, die Missstände für Schwarze zu lindern. Was es einem Schwarzen Menschen wiederum erlaubte, auf eigene Entscheidung hin eine Identität zu entwickeln, die ständig auf den »in der Luft liegenden« Rassismus verwies, obwohl die nackte Realität einer Intoleranz alter Schule schnell eine Sache der Vergangenheit wurde.

Das, was ich hier umrissen habe, wurde längst von Shelby Steele, meiner ersten Inspirationsquelle beim Thema *Race*, perfekt in Worte gefasst. Wer ganz und gar verstehen will, warum vieles von dem, was an unserem Diskurs zum Thema *Race* so frustrierend ist, von Unsicherheit bedingt ist, kann nichts Besseres tun, als sich an sein Buch *The Content of Our Character* zu halten. Es kommt zwar so langsam in die Jahre, aber das tut ein guter Wein auch.

Das *Race*-Ding ergibt erst als religiöser Glaube richtig Sinn

Von außen betrachtet ergibt die Schwarze Parteinahme für den Erwähltismus nur dann Sinn, wenn man die Unsicherheit im Herzen heutiger Schwarzer Identität begriffen hat. In einem Interview mit einem weißen Journalisten hat ein Schwarzer Rapper vor etwas mehr als zwanzig Jahren genau diesen Zusammenhang unumwunden hergestellt, als er die Gewalt in seinen Texten folgendermaßen rechtfertigte: »Ich gelte etwas, wenn ich nicht respektiert werde.« Auf den ersten Blick ist es sehr merkwürdig, wenn ein Mensch so etwas sagt. Aber für viele Schwarze Menschen ist der Verweis auf ihr Nichtrespektiertsein eine der wichtigsten Triebfedern für ihr Selbstverständnis und Selbstwertgefühl.

Nach dem Mord an George Floyd gab es eine Zeit lang

in den Tweets und Leitartikeln zwei vollkommen widersprüchliche Linien: Schwarze Menschen waren entweder verärgert darüber, dass Weiße zwar schriftlich ihre Solidarität bekundeten, aber nicht auf die Straße gingen (»Ich brauche von meinen weißen Freunden keine Herzchen-Nachrichten.«). Oder Schwarze Menschen ärgerten sich darüber, dass Weiße sich eben gerade nicht empathisch in den sozialen Medien äußerten (»Warum es eine Menge sagt, wenn man nichts sagt.«). Erstere wollten, dass die Leute eher ihre Füße statt ihre Finger benutzen, Letztere hingegen waren ganz zufrieden mit nichts als getippter Solidarität.

Wenn ein weißer Mensch an diesem Punkt unschlüssig ist bezüglich der Frage, was er tun soll, kann man ihm das durchaus nachsehen, zumal manche Außenstehenden fröhlich beiden Typen von Anschuldigungen ihre Likes gaben. Manche gingen davon aus, dass Schwarze Menschen hier absichtlich Nebelkerzen warfen. Aber etwas derart Zielgerichtetes ist damals sicher nicht passiert. Eher war es so, dass Menschen, die in keinerlei Beziehung zueinander standen, auf sehr unterschiedliche Art und Weise dem einzigen Imperativ der Erwählten Folge leisteten: Sie hatten etwas, das sie weißen Menschen vorwerfen konnten und das ihnen eine Art Ersatzstolz bescherte. Dass die Vorwürfe zusammen betrachtet keinerlei Sinn ergaben, war irrelevant (wieder einmal: unser Katechismus).

Eine derjenigen, die dafür sorgten, dass der Frau, die mit schwarzgeschminktem Gesicht auf der Party der *Washington Post* erschien, gekündigt wurde, gab zu Protokoll, dass sie erst nach der Feier damit begonnen habe, den Rauswurf der Frau zu betreiben; als Schwarze hätte sie sich, wenn sie direkt vor Ort damit begonnen hätte, »nicht sicher« gefühlt. Wir können allerdings mit relativ großer Sicherheit davon ausgehen, dass die anderen Partygäste vielleicht unterschiedlich großes, aber doch sämtlich Verständnis für ihr Unwohlsein mit dem Blackfacing gehabt hätten. Noch dazu ist die betreffende Frau selbst 1,85 Meter groß. Dass sie sich wirklich unsicher gefühlt hat, entweder körperlich oder sozial bedroht, fällt schwer zu glauben. Wenn wir so tun, als könnte sie sich überhaupt so gefühlt haben, begegnen wir ihr, offen gestanden, schlichtweg mit Missachtung.

Viele aus der Leserschaft können sich sicher daran erinnern, eine Schwarze Person schon mal lächeln gesehen zu haben, während sie davon erzählte, selbst Erfahrungen mit Rassismus gemacht zu haben. Man übersieht leicht, wie seltsam das ist. Der Schwarze Jugendliche, der sich bei der Black-Lives-Matter-Demo in Seattle 2020 dabei filmen ließ, wie er Weißen erklärte, dass Schwarze aufgrund ihres Opferstatus »heiliger« seien, lächelte, als ob gerade davon erzählte, wie gut ihm sein Mittagessen geschmeckt habe. Weil der Status des edlen Opfers die Basis unseres Selbstverständnisses ist, wird das Sprechen über erlebten Rassismus zur proaktiven Selbstdarstellung, die so gut wie jede und jeder betreibt, denn schließlich geht es hier um eine ganz tiefsitzende lebenserhaltende Kraft, um das Genießen von Aktivität, Interaktion und Teilen.

Das mit dem Teilen ist zentral. Schwarze Erwählte empfinden ein Gefühl der Zugehörigkeit. Dieses Gefühl ist auch für weiße Erwählte attraktiv, aber auf Schwarze hat es eine ganz besonders starke Anziehungskraft. Viele gebildete Schwarze tragen schwer an der Befürchtung, als Menschen wahrgenommen zu werden, die ihre Community im Stich lassen und sich nicht an dem beteiligen, was früher immer *The Struggle* hieß, ›der Kampf‹. Dieses unangenehme Gefühl, so etwas wie ein Schäfchen auf Abwegen zu sein, lässt sich einfach abschwächen, indem man die Identität als problembehaftete Schwarze Person annimmt, eine Identität, die alle Schwarzen Menschen unabhängig von sozialer Schicht oder Bildungsniveau in der geteilten Erfahrung vereint, diskriminiert zu werden.

Erwählt zu sein kann für eine Schwarze Person also so etwas wie eine warme Decke sein. Man gehört irgendwo dazu. Wer auch immer aufgrund deiner Sprache, deines Aussehens, deiner Interessen oder deines sozialen Aufstiegs Zweifel daran hat, dass du überhaupt richtig Schwarz bist, wird wahrscheinlich verstummen, wenn ihr zusammen auf die Barrikaden geht, um den Rassismus an der Universität, am Arbeitsplatz, in eurer Stadt oder eurem Land zu beschreien. In seiner *Inauguraladresse der Internationalen Arbeiter-Assoziation* warnte Marx schon 1864 vor der »Gemeinsamkeit der Niederlage«, die das Selbstverständnis einer Gruppe nur durch die von einem Feind von oben aufgezwungenen Hindernisse stärkt. Marx hielt dieses Muster für eine Warteschleife und drang auf echte Revolution. Das Schwarze Amerika allerdings scheint seltsam festgefahren darin, die Niederlage fast wie eine Auszeichnung zu tragen. Aber als eine Art Therapie kann man es auch verstehen. Der Mensch sucht dort nach Anerkennung, wo er sie kriegen kann.

Folgendes möchte ich noch einmal klarstellen: Vieles von dem, was an der Haltung Schwarzer Menschen Rassismus gegenüber konfus erscheinen mag, hat nichts damit zu tun, dass Schwarze Menschen manipulativ sind, sondern dass sie eine Leerstelle zu füllen haben. Diese Sehnsucht kennen alle Menschen auf die ein oder andere Art und Weise. Schwarze Menschen, die darauf beharren, dass es dem Schwarzen Amerika höchstens im Ansatz wirklich okay gehen kann, solange irgendwer noch rassistische Gefühle hegt, solange *Race* noch gesellschaftliche Ungleichheit hervorbringt und solange nicht alle US-Bürgerinnen und -Bürger ein ausführliches Referat über Schwarze Sozialgeschichte halten können, betreiben Selbstheilung. Dass sie sich der Gesellschaft entfremden, verfolgt einen therapeutischen Zweck.

Schwarzer Erwähltismus ist oldschool

Der Weg von diesem von der Critical Race Theory gefeierten Gemeinschaftsnarrativ, das den Vorzug bekommt vor empirischer Wahrheit, bis hin zu der modernen Schwarzen Geisteshaltung, die die Übertreibung als eine Art alternative Ehrlichkeit erlaubt, ist also kurz. Tatsächlich hat das Schwarze Amerika die Saat dafür schon viel früher gelegt.

Vielen Leserinnen und Lesern ist wahrscheinlich aufgefallen, dass die Ideologie, um die es mir geht, nicht erst 2020, aber auch nicht 2010 oder 1990 aufgekommen, sondern in einem bestimmten Teil der Schwarzen Bevölkerung schon viel länger verbreitet ist. Bereits in den 1960er und 1970er Jahren war es unter Schwarzen Intellektuellen Standard, nicht nur auf die soziale, sondern auch auf die psychologische Transformation der USA abzuzielen – eine nervenaufreibende und in weiten Teilen erfolglose Mission, bei der die Ergebnisse aber weniger wichtig waren als der Anlass, pessimistisch daherzureden. Und dieser Anlass bot sich fortwährend.

In einer Selbsterfahrungsgruppe, circa 1970, schaltet ein Schwarzer Psychiater namens Cobbs gegenüber einer weißen Frau auf Angriff:

> FRAU: Ich beziehe mich nicht auf Sie, auf Ihre Hautfarbe oder so, ich trete hier mit allen als Individuen in Beziehung.
>
> COBBS: Sie lügen doch!
>
> FRAU: Warum sollte ich?
>
> COBBS: Wenn ich sagen würde, ›Für mich sehen Sie aus wie ein kleiner Junge‹, würden Sie mich für verrückt erklären, weil Sie schließlich eine Frau sind ... Wenn ich Sie irgendwie neutralisieren könnte, wäre das exakt so, wie die Weißen es tagein, tagaus mit den Schwarzen tun.

Viele werden hierin jene Antidiskriminierungstrainings erkennen, wie Robin DiAngelo sie in *Wir müssen über Rassismus sprechen* vorschlägt. Dieses Muster existiert schon deutlich länger als ihr Buch, und es war damals schon genauso performativ und nutzlos wie heute.

Sitzungen wie die zitierte zeigen, dass die Erwählte Art zu denken bei vielen Schwarzen schon sehr lange fest verankert ist. Was unsere Zeit von früher unterscheidet, ist die Zahl der Weißen, die seit etwa 2013, vor allem dann ab 2020, die Politik des Schwarzen Radikalismus übernommen haben. Kurz: Im Kern kommt das neue Momentum der Erwählten davon, dass eine kritische Menge weißer Menschen mittlerweile denkt, wie es eine charismatische, ultralinke Schwarze Fraktion seit Jahrzehnten tut.

Manche Schwarzen Menschen werden einwenden, dass man sich in den USA die Wahrheit nur dann anhört, wenn Weiße ebenfalls für sie eintreten. Aber genau das ist ja der Punkt: Das, wofür hier eingetreten wird, ist ja gar nicht ›die Wahrheit‹. Die radikal linke, endlos pessimistische Einstellung zum Thema *Race*, wie eine bestimmte herrlich subkulturelle Gruppierung Schwarzer Menschen sie vertritt – angefangen haben sie mit Daschiki-Hemden, heute fordern sie in Fakultätssitzungen, dass ihre Kolleginnen und Kollegen Zeugnis ablegen von ihrem Rassismus –, war immer schon mehr auf Showbiz als auf Ergebnisse aus. Auch wenn diese Spielart des Schwarzen Radikalismus durchaus faszinierend ist, hat das Schwarze Amerika seit den 1960er Jahren nicht wegen, sondern trotz dessen so viel erreicht. Weiße versammeln sich jetzt hinter genau diesem Banner, und zwar in unserem Namen – aber wer von uns würde behaupten wollen, dass der Beweis für die Wahrheit einer Schwarzen Agenda erbracht ist, sobald Weiße mitmachen?

Wenn also Ayanna Pressley, die Mitglied des US-Repräsentantenhauses ist, lapidar sagt: »Wenn Sie nicht bereit sind, sich an den Tisch zu setzen und diese Stimme zu repräsentieren, dann kommen Sie besser nicht, schließlich brauchen wir keine weiteren nichtweißen Gesichter, die nicht auch eine nichtweiße Stimme sein wollen. Wir brauchen keine Schwarzen Gesichter, die nicht auch eine Schwarze Stimme sein wollen«, dann denkt sie wahrscheinlich nicht an Richard Delgado und Regina Austin. Sie sagt damit etwas, wozu Heerscharen von Schwarzen Menschen, lange bevor es die Critical Race Theory überhaupt gab, Beifall gespendet hätten. Denn sie spricht von der allgemeinen Vorstellung, dass das Leben Schwarzer US-Amerikanerinnen und -Amerikaner definiert ist von der Unterdrückung durch weißen Rassismus. Diese Unterdrückung haben wir alle in einem derart zerstörerischen Ausmaß erlebt, dass es nur als unehrlich und damit unauthentisch gelesen werden kann, wenn man sie leugnet oder herunterspielt. Stokely Carmichael und Eldridge Cleaver fühlten sich vor fünfzig Jahren mit dieser Sichtweise genauso wohl wie Pressley heute. Der Unterschied ist, dass momentan sehr viele Weiße diese Ansicht nicht mehr für eine defätistische Vereinfachung seitens mancher Schwarzer Radikaler halten, sondern für die Wahrheit, die zu predigen sie moralisch verpflichtet sind.

Wenn dieser manichäische Blick auf Rassismus in den USA infrage gestellt wird, reagieren Erwählte Schwarze Personen oft mit weißglühendem Zorn. Das ist schon seit ungefähr 1966 so, und unbeteiligte Beobachter fragen sich bis heute, warum diese Wütenden so gar keine Geduld aufbringen für eine abweichende Meinung. Mit dieser Frage dringt man aber nicht zum Kern der Sache durch. Denn diese Wut ist die Empörung derjenigen, die ihren gesamten Daseinszweck und ihre Existenzberechtigung als Menschen infrage gestellt und bedroht sehen. Und wenn wir diese Reaktion als religiös motiviert wahrnehmen, ist sie auch kein bisschen unverständlich mehr.

Wenn wir eine Art anthropologische Analyse anstellen wollen, um den Punkt zu bestimmen, an dem wir als Gesellschaft heute stehen, müssen wir zunächst festhalten, dass diese Erwählte Geisteshaltung unter Schwarzen Menschen weder allgegenwärtig noch unter den gebildeten vorherrschend ist.

Eine Erhebung des Pew Research Centers kam beispielsweise zu einem Ergebnis, das sich längst abgezeichnet hatte: Schwarzen Studierenden wird am College oft ein Blick auf Weiße als ›den Unterdrückern‹ beigebracht. Von den Schülern und Schülerinnen an den Highschools geben neun Prozent an, regelmäßig Rassismus zu erfahren; unter Schwarzen College-Absolventinnen und -Absolventen verdoppelt sich diese Zahl auf 17,5 Prozent.

Wenn wir diese Zahlen lesen, sind wir darauf trainiert, sie folgendermaßen zu interpretieren: Schwarze Studierende machen am College eben rassistische Erfahrungen, die sie vorher noch nicht gemacht haben. Und Schwarze Schülerinnen und Schüler sind während ihrer Highschool-Zeit noch zu jung, um manche Aspekte von Diskriminierung zu begreifen, das kommt erst mit dem Älterwerden. Diese Erklärung ist einleuchtend, aber so ganz geht sie eben nicht auf. Sehr häufig erzählt man uns, dass auch Schwarze Jugendliche und Heranwachsende schon regelmäßig rassistisch beleidigt und unterschätzt werden. Anders gesagt: Wenn ich behaupten würde, dass Schwarze Jugendliche nicht regelmäßig rassistisch beleidigt und unterschätzt werden, wären eine ganze Reihe Leute ziemlich empört.

Die Daten der Erhebung scheinen also eher zu zeigen, was zu sagen uns beigebracht wurde als was wir tatsächlich fühlen. Die Hälfte aller Schwarzen Menschen mit College-Abschluss gibt an, aufgrund von Rassismus um die eigene Sicherheit zu fürchten; von den jüngeren Schwarzen Schülerinnen und Schülern tut das nur ein Drittel. Warum aber sollten Schwarze Menschen auf dem College einer größeren, von Rassismus ausgehenden körperlichen Gefahr ausgesetzt sein? Jedes Mal, wenn man davon hört, dass die Polizei wieder *Racial Profiling* bei College-Studierenden betrieben hat, ist das eine Tragödie. Wer aber würde behaupten wollen, dass Teenagern so etwas nicht passiert? Viele von uns könnten da einige Namen auf die Liste setzen.

Trotzdem werden sich, vor allem heute, viele kaum vorstellen können, dass es neben Ta-Nehisi Coates und Ayanna Pressley auch noch andere Arten gibt beziehungsweise gegeben hat, Schwarz zu denken. Die Vorstellung, dass Schwarze Menschen schon immer so gedacht haben – gelegentliche Verräter und Verräterinnen mal ausgenommen –, mag weißen Erwählten gewissermaßen als Legitimation erscheinen: Indem die Weißen sich uns Schwarzen endlich anschließen, stellen sie unter Beweis, wie avanciert sie in moralischer Hinsicht sind.

Und obwohl Erwähltes Denken unter Schwarzen schon eine lange Geschichte hat, ist es doch nie allgemeingültig geworden. Sehr schön zeigt das eine Episode aus der TV-Serie *All in the Family* von 1971, einer Zeit also, in der es geradezu verzeihlich ist, davon auszugehen, dass alle Schwarzen Menschen so dachten wie Angela Davis und Amiri Baraka: Zwei junge Schwarze Männer brechen in Archies Haus ein, und Schwiegersohn Mike, ein »reflexhafter Liberaler«, wie es heißt, sagt freundlich zu ihnen, er verstehe ja, dass sie das täten, weil sie in hoffnungslosen Umständen aufgewachsen seien. Die Einbrecher müssen lachen und sagen dann, sie hielten sich als Individuen eigentlich für komplexer und fühlten sich nun herabgesetzt. Der eine von ihnen wird bemerkenswerterweise von Cleavon Little gespielt, und zwar mit derselben heiter-gelassenen Ich-bin-euch-allen-einen-Schritt-voraus-Ausstrahlung, mit der er wenige Jahre später auch seine Schlüsselrolle in Mel Brooks' *Der wilde wilde Westen* (1974) auflud. Anders gesagt: Der Ansatz der Einbrecher wird in dieser Szene als der intellektuellere, feinsinnigere dargestellt.

So viel zu der Idee, Schwarze Gesetzesübertretung sei Weißen eine Lehre und Schwarze Lebensumstände könnten auf Unterdrückung heruntergebrochen werden. Das Drehbuch zu dieser Episode haben übrigens Weiße geschrieben, die sich im Hinblick auf das *Race*-Ding für aufgeklärt hielten, was Norman Lear, der Schöpfer der Serie, zur entscheidenden Voraussetzung erklärt hatte. Dass sich die Prämisse dieser Episode in einem Spike-Lee-Film heute wie ein alternatives Universum ausnehmen würde, belegt nur, dass sich Fortschrittlichkeit je nach Zeitalter immer wieder anders äußert. Wir müssen diese Folge von *All in the Family* einer heute allen, die regelmäßig mit der New Yorker Subway fahren, vertrauten Szene gegenüberhalten: Schwarze Jungs verticken Süßigkeiten in der Bahn und kommentieren das mit: »Wir versuchen nur, nicht in Schwierigkeiten zu geraten.« Als seien die Schwierigkeiten unausweichlich, wenn sie keinen (illegalen) unterirdischen Handel betrieben.

Gut, die betreffende Folge von *All in the Family* wurde von Weißen geschrieben, und die Einbrecher waren fiktive Figuren. Trotzdem aber spiegelten sie, was viele Schwarze Menschen damals dachten: Sie hielten es nämlich absolut nicht für in kosmischer Dimension unumgänglich und entschuldbar, dass Schwarze Menschen, gemessen am Durchschnitt, weniger Leistung bringen und Verbrechen begehen, nur weil eben nicht alle in diesem Land die gleichen Startbedingungen haben. In einer Folge der TV-Dokumentarfilmreihe *See It Now* ging es 1957 um die Rassentrennung und ihre zerstörerischen Folgen für das Leben der Schwarzen. Ein Schwarzer Leserbriefschreiber beschwerte sich hinterher, in der Folge seien nicht »die vielen Menschen unserer Hautfarbe« gezeigt worden, »die an der Spitze stehen«. Ihm erschien die Idee, nicht über die Erfolge Schwarzer Menschen zu sprechen, damit die Weißen sich schön weiter schuldig fühlen müssen, unsinnig – und alle, die diesen Briefschreiber jetzt als naiv hinstellen wollen, sollten sich vor Augen halten, dass er noch im Amerika der Rassentrennung aufgewachsen war.

In einem ganz ähnlich gelagerten Fall kritisierten in den 1950er Jahren Schwarze Wortführer die minstrelshowmäßige TV-Sitcom *Amos 'n' Andy* dafür, nicht genügend erfolgreiche Schwarze zu zeigen. Im Gegensatz dazu verriss dann nur fünfzehn Jahre später eine neue Generation Schwarzer Kritikerinnen und Kritiker die Sitcom *Julia*, die von einer Krankenschwester aus der Mittelschicht handelte und jetzt wiederum nicht ausreichend Armut und Rassismus zeigte! Diese Schreibenden waren die neuen Schwarzen Erwählten. Diejenigen, die gegen *Amos 'n' Andy* protestiert hatten, hatten noch ein Amerika gekannt, in dem es an der Tagesordnung war, Menschen zu lynchen, und trotzdem war der Wunsch dieser alten Garde, im Fernsehen Schwarze Erfolgsgeschichten zu sehen, für die junge Truppe naiv.

1966 verteilte die Bürgerrechtsbewegung *National Urban League* in Detroit kleine Bildergeschichten, die zeigten, wie junge Leute aus den Brennpunktvierteln in den Innenstädten leichter an Jobs kommen könnten. In einer dieser Geschichten sagt Mo ständig »Uh-huh« und »Naw, man« und zieht sich an, wie es ihm beliebt. So bekommt er den Job nicht. Als er aber im Vorstellungsgespräch Standardenglisch spricht und sich professionell kleidet, klappt es. Heutzutage zucken die Erwählten bei der Vorstellung zusammen, dass ein junger Schwarzer Mann dazu gebracht werden soll, sich den Regeln der Unterdrücker anzupassen. 1966 wäre das eine Meinung aus der letzten Reihe gewesen, der sich nur wenige angeschlossen hätten. Aber wieso sollte die Sicht der Erwählten auf Mo ein Fortschritt sein? Welche Strategien bei der Jobsuche schlagen sie denn vor?

Noch ein willkürlich ausgesuchtes Beispiel: Ich halte große Stücke auf die Komikerin Cristela Alonzo. Ihre Sitcom *Cristela*, der nur ein kurzes Leben beschieden war, wird mir immer eine Freude sein – ich hätte mir zehn Staffeln davon ansehen können. In ihrer fürs Fernsehen produzierten Comedyshow von 2017 streut sie immer mal wieder rassistische Unterstellungen gegenüber Latinas und Latinos ein, und ihr Blick sagt nichts weiter als *»What the f…?«*. Jedes Mal, wenn sie dieses Gesicht macht, beschleicht mich der Gedanke, dass Erwählte Schwarze noch sehr viel verkorkster sind, als sie selbst denken, denn diesen abfälligen Ausdruck haben sie einfach nicht drauf, wenn es um Alltagsrassismus geht. Vielmehr halten sie es für ihre Aufgabe, jede noch so kleine Überverallgemeinerung und Unbeholfenheit gleich zum Himmel zu schreien und damit den Nachweis für eine moralische Verderbtheit zu erbringen, die die Exkommunikation aller dafür Verantwortlichen verlangt.

Aber wenn Cristela es schafft, warum dann nicht wir? Cristela ist ein psychisch gesunder Mensch; uns aber lehrt der Erwählte Katechismus, dass wir nur als seelisch Gebrochene wahre Pioniere sein können. Die Idee, dass authentisches Schwarzsein – echte *Blackness* – bedeuten könnte, Alltagsrassismus als körperliche Misshandlung zu interpretieren, ist noch relativ neu. Diese Idee aber kann nur für Menschen stimmig sein, mit denen ganz tief in ihrem Inneren etwas nicht stimmt.

Der Sell-out-Vorwurf, einfach erklärt

Schwarzen Intellektuellen, die die Erwählte Orthodoxie infrage stellen, wird gerne mal vorgeworfen, sie seien verräterische Judasse, die nur auf Geld aus sind. Es wird dann so getan, als gäbe es Schwarze Menschen, die sich aktiv dazu entscheiden, ihren wahren Überzeugungen zuwiderzuhandeln – da das Leben als Schwarzer Mensch eine derart vollkommene Tragödie ist, kann man schließlich keine anderen Überzeugungen haben als die der Erwählten – und damit genau das sagen, was rechte Weiße hören wollen.

Vermutlich gehen ebendiese Kritiker und Kritikerinnen nicht davon aus, dass solche Menschen ehrlich ihre Meinung vertreten, denn schließlich ist es ihrer Ansicht nach für Schwarze Menschen, die nicht so denken wie Ta-Nehisi Coates, unmoralisch, ihre Ansichten öffentlich kundzutun. Das wiederum wäre vollkommener Unsinn. Aber ich gehe trotz allem davon aus, dass diese Kritikerinnen und Kritiker vernünftige Menschen sind. Von daher kann es nicht anders sein, als dass sie Schwarze Konservative für unehrlich halten.

Aber ich kenne doch eine beträchtliche Zahl unterschiedlichster Schwarzer Menschen rechts von der Mitte, und auf niemanden von ihnen würde die Onkel-Tom-Beschreibung zutreffen. Falls doch, müssen sie sich mit einer Geschicklichkeit verstellt haben, die ich nur sehr geübten, talentierten Schauspielerinnen und Schauspielern zutrauen würde. Die Judas-Beleidigung hat also tatsächlich keinen Bezug zur Realität. Ernsthaft: Wer glaubt, dass es solch unehrliche Menschen wirklich gibt? Wer würde so jemanden heiraten? Wie sollten sie sich selbst in die Augen sehen können?

Trotzdem zeichnen viele Schwarze Menschen andere Schwarze Menschen, die beim Thema *Race* nicht einer Meinung mit ihnen sind, mit Vorliebe als cartoonhafte Bösewichter, obwohl sie nicht wirklich glauben können, dass diese Menschen tatsächlich so sind. Und wieder befinden wir uns auf religiösem Terrain. Die Geschichtsschreibung und sogar das bewahrte historische Gedächtnis können bestätigen, dass es in der Sozialgeschichte seismische Veränderungen gibt, die durch Protest und Agitation bewirkt werden. Dazu braucht es aber weder inquisitorische Femegerichte, an Psychofolter grenzende Sitzungen, bei denen man von seinen unangemessenen Gedanken gereinigt wird, noch eine obsessive Sprachpolizei. Die empirische, intuitiv erlebbare Wirklichkeit spielt für die Mitglieder unserer Religion aber keine Rolle, denn sie haben sich daran gewöhnt, ihr Denken über einen gewissen Bereich des Lebens unbewusst vollkommen neu auszurichten, was für sie aus Gründen attraktiv ist, die nicht mehr zur gesellschaftspolitischen Sphäre gehören.

Das erklärt, warum sogar gemäßigte Ansichten zum Thema *Race* so oft als Ausverkauf gescholten werden. Dass das logisch nicht ganz nachzuvollziehen ist, hat mit einer Verzweiflung zu tun, die von einem grundsätzlichen Gefühl persönlicher Verletzung herrührt. Es herrscht das oberste Gebot, Machtungleichheit und vor allem Rassismus zu bekämpfen, indem die Frohbotschaft in die Welt getragen wird. Schwarze Konservative hingegen wollen das Leben Schwarzer Menschen ebenfalls verbessern, weigern sich aber, bei dem sehr speziellen Kampf der Erwählten mitzumachen. Denn Schwarze Konservative betrachten die Bekämpfung von Rassismus als vergeblich und suchen nach anderen Wegen, um den Menschen dabei zu helfen, das Beste aus sich zu machen. Und damit stellen sie sich gegen die Frohe Botschaft der Erwählten, für die es hier nicht nur um eine andere Meinung, sondern um Ketzerei geht. Und Ketzerei löst bei ihnen Wut und Empörung aus.

4
/
Worin liegt das Problem mit dem Erwähltismus, wenn er eine Religion ist? Er schadet Schwarzen Menschen

Eine Antwort auf ein Buch wie dieses könnte sein, einfach anzuerkennen, dass der Erwähltismus eine Religion ist. Man könnte meinen, er sei eine bessere Religion als beispielsweise der Glaube daran, dass Gottes Sohn für unsere Sünden gestorben und wiederauferstanden ist und jetzt darauf wartet, alle, die an ihn glauben, mit seiner ewigen Gnade zu umhüllen. Dieser neuen Religion geht es darum, dem Rassismus die Stirn zu bieten. Wer kann da etwas dagegen haben?

Aber wir müssen die Frage stellen, ob der Ansatz der Erwählten tatsächlich Anzeichen dafür liefert, dass sich im Leben Schwarzer Menschen substanziell etwas verändert – und nicht nur dafür, dass Schwarze von gebildeten Weißen infantilisiert werden. Die Erwählte Religion, die angeblich rassistische Strukturen zerschlägt, schadet den Menschen, die innerhalb dieser Strukturen leben. Und der Schaden, den sie anrichtet, ist erschreckend groß. Die Ideologie der Erwählten schert sich gar nicht um das Wohlergehen Schwarzer Menschen. Und zwar aus folgendem Grund:

Wir sollen wegsehen, wenn Schwarze Kinder in der Schule von anderen Schwarzen Kindern angegriffen werden.

Wir sollen wegsehen, wenn Schwarze Studierende in Hochschulen hineingeworfen werden, an denen sie überfordert sind, wenn sie schlecht vorbereitet an juristischen Fakultäten landen, die sich nicht auf ihr Niveau einstellen, und damit kaum eine Chance haben, das Staatsexamen zu bestehen.

Wir sollen über die vorsätzliche Dummheit hinwegsehen, wenn längst verstorbene Menschen so, als wären sie noch am Leben, für moralische Fehltritte verurteilt werden, die zu ihrer Zeit keine moralischen Fehltritte waren.

Wir sollen über den Aberwitz einer ›Schwarzen Identität‹ hinwegsehen, die als Idee nur spiegelt, was Weiße denken, und nichts damit zu tun hat, was Schwarze Menschen selbst denken.

Wir sollen darüber hinwegsehen, wenn Schwarzen Intellektuellen in ihrer Arbeit Fehler unterlaufen, denn Schwarzen Menschen fehlen schließlich die weißen Privilegien.

Wir sollen über die Tatsache hinwegsehen, dass Sozialgeschichte komplex ist, und stattdessen so tun, als sei die Aussage, alle Diskrepanzen, die im Zusammenhang mit *Race* stehen, seien ein Ergebnis von Rassismus, intellektuell brillant.

Wir sollen darüber hinwegsehen, dass diese Art zu denken unschuldigen Kindern beigebracht wird, quasi noch bevor sie überhaupt einen Stift halten können.

Schauen wir uns doch einmal genauer an, wie wir, wenn es nach den Erwählten geht, über Schwarze Menschen zu denken haben.

Die Erwählten und die schulische Disziplin: Wie vorurteilsbehaftet mit Schwarzen Jungen umgegangen wird

Schwarze Jungen werden häufiger als andere vom Unterricht suspendiert oder der Schule verwiesen. Laut der Ideologie der Erwählten muss das daran liegen, dass sie diskriminiert werden.

Genauer: Uns wird gesagt, der Grund dafür, warum diese Jungs häufiger als andere Schüler und Schülerinnen gemaßregelt werden, seien Vorurteile des Lehrpersonals ihnen gegenüber. Ein weißer Jugendlicher, der sich danebenbenimmt, ist ein Schlingel, ein Schwarzer, der das Gleiche tut, ein Gangster. Es gibt aus der Wissenschaft kommende Aktivisten und Aktivistinnen, die ihre ganze Karriere darauf ausgerichtet haben, diese Erkenntnisse an die erweiterten pädagogischen Kreise in den USA weiterzureichen. 2014 verschickte das US-Bildungsministerium einen mit »Liebe Kollegin, lieber Kollege« beginnenden Brief, der sich der Meinung anschloss, Schwarze Jungs würden aus rassistischen Motiven unverhältnismäßig oft gemaßregelt. 2019 veröffentlichte die U.S. Commission on Civil Rights mit derselben Stoßrichtung einen instruktiven Bericht unter dem Titel »Die Suspendierung vom Unterricht und ihre Folgen: Zum Zusammenhang zwischen Disziplinarmaßnahmen und dem für suboptimal aufgestellte Schülerinnen und Schüler of Color vorgezeichneten Weg von der Schule ins Gefängnis«.

Hehre Gedankengänge von hehren Institutionen. Aber die schlichte Tatsache ist doch die: An öffentlichen Schulen begehen Schwarze Jungen mehr Gewaltdelikte als andere

Kinder und Jugendliche. Punkt. Die Erwählten beklagen ernsthaft, dass die meisten Schwarzen Kinder und Jugendlichen nur deswegen mit anderen Schwarzen Kindern und Jugendlichen zur Schule gehen, weil weiterhin Rassentrennung herrscht. Denn es gehört eben in ihre Agenda, stetig auf ›Segregation‹ hinzuweisen. Aber diese ›Segregation‹ bringt es dann mit sich, dass Schwarze Jungs, denen es laut den Erwählten erlaubt sein sollte, in der Schule andere Kinder zu verprügeln, ihre Schläge nur an andere Schwarze Kids austeilen. Wenn wir also den Rat dieser Hellseherinnen und Hellseher befolgen und Schwarze Jungen mit Nachsicht behandeln, legen wir dem Bildungserfolg anderer Schwarzer Schüler Steine in den Weg.

Der *Philadelphia Inquirer* nahm 2012 sämtliche öffentlichen Schulen der Stadt unter die Lupe und fand heraus, dass es zwischen 2007 und 2012 30000 Gewaltvorfälle an Schulen gegeben hatte, darunter Diebstähle, Vergewaltigungen und eine schwangere Lehrerin, der in den Bauch geboxt worden war. (Sie war eine von 4000 Lehrkräften, die zwischen 2005 und 2010 von Schülern oder Schülerinnen tätlich angegangen worden war.)

Aus dem Wunsch heraus, Schwarze Kinder und Jugendliche nicht zu stereotypisieren, kann man diese Zahlen recht unterschiedlich interpretieren, vor allem, um Schwarze Jungs nicht so sehr im Fokus zu haben. Aber diese Interpretationsansätze wollen einfach nicht aufgehen.

Man könnte sich zum Beispiel vorstellen, viele dieser Gewaltdelikte seien von weißen Jungen begangen worden. Aber die Zahlen stimmen mit dieser These einfach nicht überein: In den öffentlichen Schulen von Philadelphia sind mehr als zwei von drei Schülerinnen und Schülern (70 Prozent) Schwarze oder Latinas und Latinos.

Oder könnte es nicht ganz vielleicht sein, dass weiße Kinder und Jugendliche, die ein Drittel der Schülerschaft stellen, überproportional für die Übergriffe verantwortlich sind? Aber dann kommen andere Studien und legen offen, dass es Schwarze Jungen sind, die überproportional beteiligt sind an Gewaltvorfällen an Schulen. Das National Center for Education Statistics fand in einer USA-weiten Befragung heraus, dass 2015 von allen Schwarzen Kindern und Jugendlichen 12,6 Prozent in eine körperliche Auseinandersetzung auf dem Schulgelände verwickelt worden waren, während dieser Anteil bei den weißen bei nur 5,6 Prozent lag. Und das war kein Zufall: Schon 2013 stand das Verhältnis bei 12,8 zu 6,4 Prozent. Anders gesagt: Schwarze Kinder und Jugendliche legen an der Schule mit mehr als doppelt so hoher Wahrscheinlichkeit gewalttätiges Verhalten an den Tag als weiße.

Eine Untersuchung des Fordham Institute kam 2019 zum gleichen Ergebnis. Landesweit wurden 1200 Schwarze und weiße Grund- und Highschool-Lehrkräfte befragt. Lehrerinnen und Lehrer an Schulen mit hoher Armutsquote sagten doppelt so häufig wie das Lehrpersonal an anderen Schulen, dass verbale Respektlosigkeit in ihren Klassenzimmern an der Tagesordnung sei. Das tägliche oder allwöchentliche Vorkommen körperlicher Auseinandersetzungen wurde sechs Mal so häufig benannt, und die tätliche Attacke durch Schüler gegen sie selbst war für die betreffenden Lehrkräfte drei Mal so wahrscheinlich. Natürlich könnte man jetzt fragen, ob Schulen mit hoher Armutsquote denn immer mehrheitlich von Schwarzen oder Latina-/Latino-Schülerinnen und -schülern besucht werden – und die Antwort ist im üblichen Fall: ja. Die Erwählten belehren uns in Endlosschleife, dass Menschen of Color in Amerika unverhältnismäßig oft arm sind, und wenn diese Studie Hunger oder Bleifarbe an den Wänden untersucht hätte, würden sie sofort akzeptieren, dass sie sich im Großen und Ganzen auf Kinder und Jugendliche of Color bezöge. Es wäre vollkommen unstimmig, die Studie des Fordham Institute ganz plötzlich durch eine Brille zu lesen, die die Hautfarbe absichtlich ignoriert.

Tatsächlich geben Lehrer und Lehrerinnen in dieser Studie häufig an, dass infolge der bereits erwähnten Aufrufe, die die Bestrafung Schwarzer Jungs als unzulässige Intoleranz sehen, schwere Vorfälle vielfach gar nicht mehr gemeldet würden und die Dunkelziffer steige. Auch die leicht zurückgegangene Zahl der gemeldeten Suspendierungen vom Unterricht habe damit zu tun, dass Fehlverhalten einfach stärker toleriert würde.

Laut einer New Yorker Initiative betrifft das Problem mit der Gewalt an Schulen sogar ganz explizit Schwarze Jungen. Nachdem es Berichte gab, dass Suspendierungen vom Unterricht tatsächlich von Rassismus motiviert sind, hatte sich diese Initiative zum Ziel gesetzt, die Häufigkeit der Unterrichtsausschlüsse von Schwarzen Jungen zu verringern. Daraufhin berichteten Lehrkräfte von noch weniger Ordnung und Disziplin in ihren Klassenräumen, vor allem an weiterführenden Schulen, die mehrheitlich von Schwarzen sowie Latinas/Latinos besucht werden. Viele Schwarze Lehrerinnen und Lehrer fanden, Ausschlüsse und vergleichbare Disziplinarstrafen sollten eher noch häufiger eingesetzt werden – obwohl sie als Schwarze mit leicht erhöhter Wahrscheinlichkeit glauben, dass Disziplinarmaßnahmen aufgrund von *Race* möglicherweise doch ungerecht verteilt ergriffen werden. An Schulen mit hoher Armutsquote gaben 60 Prozent des Schwarzen Lehrerpersonals an – und damit etwas mehr als des weißen (57 Prozent) –, dass Probleme mit dem Verhalten der Schülerinnen und Schüler das Lernen erschwerten.

Das sind die Fakten. Sie sollten sie im Kopf haben, wenn Ihnen das nächste Mal seriöse Menschen in Businesskleidung, wahrscheinlich Schwarz oder Latina/Latino, begegnen und behaupten, Schwarze Jungs hätten stark mit unfair verhängten Disziplinarstrafen zu kämpfen. Sollte diesen Menschen in Anbetracht der oben aufgeführten Studien nichts zu ihrer Verteidigung einfallen und sollten sie keinerlei Anzeichen erkennen lassen, aus ihnen gelernt zu haben, wollen sie nicht lehren, sondern predigen. Mit dem Ergebnis, dass raue Mengen an PoC-Jugendlichen und -Kids nicht nur schlecht erzogen und gebildet, sondern dazu noch verprügelt werden. Randbemerkung: Die detaillierten Schilderungen der gewalttätigen Attacken, denen die Lehrerinnen und Lehrer dieser Kinder und Jugendlichen oft ausgesetzt sind, habe ich Ihnen erspart.

Die Erwählten werden hier überall nichts als Rassismus am Werk sehen, aber nur, weil ihre religiöse Überzeugung sie blind macht gegenüber dem Schaden, den ihre Sichtweise anrichtet bei real existierenden Kindern, die ein Leben in der real existierenden Welt führen. Armut führt offensichtlich dazu, dass Kinder und Jugendliche mit größerer Wahrscheinlichkeit gewalttätig werden. Das wiederum ist kein Grund, Schwarze Jungs grundsätzlich als pathologische Wesen zu sehen. Aber darauf zu beharren, dass Rassismus und Voreingenommenheit die einzige denkbare Ursache dafür sind, dass Schwarze häufiger als weiße Jungs vom Unterricht ausgeschlossen werden, heißt, billigend in Kauf zu nehmen, dass Schwarze Schülerinnen und Schüler insgesamt einen erheblichen Schaden davontragen.

Die Erwählten und der Hochschulzugang: Uni oder Knast

Oft wird angenommen, dass zur gezielten Förderung an Universitäten lediglich gehört, ethnische Durchmischung – *Racial Diversity* – dann zu berücksichtigen, wenn bereits eine Gruppe potenzieller Studierender, alle mit gleichen Noten und gleich guten Testergebnissen, zusammengestellt ist. Das sieht als Vision so aus: Alle Kandidatinnen und Kandidaten mit gleich vielen Punkten werden anhand eines bestimmten Tortendiagramms auf die Studiengänge verteilt. Nur wenige vernünftige Menschen hätten mit diesem System ein Problem, auch wenn die Studenten und Studentinnen of Color bei den Tests ein ganz klein wenig schlechter abschnitten. Aber wirklich nicht viel. Eigentlich nicht der Rede wert.

Es stellt sich jedoch die Frage, ob Schwarze sowie Latinas und Latinos mit bedeutend schlechteren Noten und Testergebnissen als jene, die weiße oder asiatische Anwärter und Anwärterinnen bräuchten, einen Studienplatz bekommen sollten. Diese Form von Bevorzugung aufgrund von *Race* ist seit Langem Praxis bei Hochschulzulassungen, vor allem an Einrichtungen, die nicht zu den spitzenmäßigen gehören. Aber dass es so gehandhabt wurde und wird, steht außer Frage. Die größte öffentliche Aufmerksamkeit erfuhr dieses Prozedere in den frühen 2000er Jahren, als der Fall *Gratz vs. Bollinger* vor Gericht verhandelt wurde und aufgedeckt wurde, dass die Universität von Michigan Bewerberinnen und Bewerber allein für ihr Schwarzsein schon 20 von den 100 zur Zulassung nötigen Punkten gab. Aber das war nur einer von vielen ähnlich gelagerten Fällen, die landesweit bekannt wurden. Das bedeutet: Es gibt sie, die sogenannte Diskrepanz zwischen den Zeugnissen und Unterlagen zukünftiger Studierender und den Hochschulen, die sie aufnehmen.

Viele sagen, dass Studierende trotz dieser anfänglichen Diskrepanz sehr gute Leistungen bringen und dass diese Diskrepanz keinerlei erkennbare Folgen hat. Das aber würde ja bedeuten, dass die Zulassungsstandards, die an andere Studierende angelegt werden, bedeutungslos sind – was neueste Studien, wenig überraschend, bereits widerlegt haben. Der Wirtschaftswissenschaftler Peter Arcidiacono hat an der Duke University zusammen mit Esteban Aucejo und Joseph Hotz nachgewiesen, dass diese Diskrepanz die Zahl Schwarzer Wissenschaftlerinnen und Wissenschaftler verringert. Oft brechen Schwarze Studierende an einer Hochschule, an der das Lehrtempo hoch ist und viel vorausgesetzt wird, ihr Hauptfach frustriert ab, was an einer Hochschule, die darauf vorbereitet wäre, sie sorgfältiger zu instruieren, weniger wahrscheinlich passiert wäre.

2004 sprach der Juraprofessor Richard Sander, der an der UCLA lehrt, von einer besonders tragischen Tendenz, die sich in diesem Zusammenhang abzeichnet: Studierende, die trotz Diskrepanz an die Hochschule kommen, sammeln sich mit großer Wahrscheinlichkeit in der Gruppe der Schlechtesten ihres Jahrgangs und schaffen es später vor allem nicht durchs Juraexamen. Dass diese Studie viel kritisiert wurde, war abzusehen. Und natürlich wurden viele Gründe genannt, warum uns ihre wesentlichen Erkenntnisse nicht weiter bekümmern sollten. Aber widerlegen konnte sie niemand. Man wird Arcidiacono, Aucejo und Hotz wohl kaum vorwerfen können, sie hätten lediglich über Schimären berichtet.

Dass Studierende unterschiedliche Lerngeschwindigkeiten haben, ist keine Raketenwissenschaft. Aufgrund uns alle bestürzender gesellschaftlicher Faktoren – Qualität der Schulbildung, Eltern, denen eine gute Ausbildung selbst verwehrt geblieben ist, komplexes Familienleben –, sind Schwarze und Latinas/Latinos oft nicht gut darauf vorbereitet, dass Hochschulen, die ihre Studierenden per Auswahlverfahren aufnehmen, von ihnen erwarten, Informationen schnell verarbeiten zu können. Die Frage lautet jedoch: Reagieren wir darauf, indem wir sie trotzdem an Hochschulen bringen, deren Lehrpläne sie eigentlich überfordern?

Platons *Politeia* ist an die 300 Seiten lang. An der Columbia University behandeln wir dieses Buch im Seminar »Zeitgenössische Zivilisation«, das alle Erstsemester belegen müssen, immer als erste Lektüre des Semesters. Wir erwarten von den Studierenden, dass sie in der Lage sind, es ganz zu lesen, zwei bis drei Doppelstunden darüber zu diskutieren, im Anschluss ein oder zwei Essays dazu zu verfassen und, nicht zu vergessen, dass sie sich für die Zwischenprüfung ein paar Wochen später erneut mit dem Stoff vertraut machen. Und nun stellen Sie sich einen Studenten vor, der zwar recht intelligent ist, aber aus einer Familie kommt, in deren Zuhause es nicht viele Bücher gibt. Er ist nicht der schnellste Leser auf der Welt und musste in seiner bisherigen Schullaufbahn außer über Themen mit einer gewissen Relevanz für sein Alltagsleben noch nicht allzu oft über abstrakte Konzepte diskutieren. Und jetzt sitzt er plötzlich da, im Seminarraum, und andere Studierende, die von Kindesbeinen an mit Büchern und einer Top-Ausbildung mariniert wurden, diskutieren selbstbewusst über dieses Buch, werfen ungeniert mit Begriffen um sich, von denen er noch nie gehört hat, und kriegen es ziemlich gut hin, zumindest so zu tun, als hätten sie die 300 Seiten komplett durchgelesen.

Und stellen Sie sich diesen Studenten jetzt an einer Hochschule vor, an der nur 40 Seiten der *Politeia* zu lesen aufgegeben werden, darunter auch ziemlich sicher der Abschnitt mit dem Höhlengleichnis, und wo der Professor den Studierenden die Konturen der Argumentation umsichtig vermittelt, weil ihm bewusst ist, dass die meisten wahrscheinlich noch nie mit einem Text dieser Sorte zu tun gehabt haben. In welchem Seminar wird sich unser Student wohl aufgehobener fühlen, und in welchem Seminar wird er für seinen Essay wahrscheinlich die bessere Note bekommen? Und wenn man bedenkt, dass sich vier Jahre später, unabhängig vom jeweiligen Bildungsniveau, sowieso niemand mehr an 300 ganze Seiten erinnern kann: Ist dieser Student im Bildungssinn tatsächlich schlechter weggekommen? Manche

Studierende an der Columbia University wären ziemlich froh, wenn wir nur 40 Seiten Lektüre aufgeben und diese mit einem feinzahnigen Kamm durchgehen würden.

Die Debatte darüber, wie man gezielter fördern kann, scheint jedoch davon auszugehen, dass es zwischen Uni und Knast keine Alternativen gibt, so, als versprächen die wenigen Dutzend Universitäten mit hohen Zulassungshürden den einzig sicheren Fahrschein zu einem erfolgreichen Leben. In Wirklichkeit aber passiert das: An der University of California, San Diego, schaffte es in dem Jahr, bevor die Bevorzugung aufgrund des ethnischen Hintergrunds in den späten 1990er Jahren verboten wurde, exakt eine Schwarze Studentin von 3268 Studienanfängerinnen und -anfängern, einen Abschluss mit Auszeichnung zu machen. Ein paar Jahre später, als Studierende, die früher trotz der sogenannten Diskrepanz vorsätzlich nach Berkeley oder an die UCLA geschickt worden wären, dann eher an Hochschulen wie der University of California, San Diego, studierten, schloss immerhin einer von fünf Schwarzen Studienanfängern das Studium mit Auszeichnung ab – genau so viele wie bei den weißen.

Dafür, dass bislang kaum jemand überhaupt davon gehört hat, gibt es einen Grund: Als die ethnische Bevorzugung an den Hochschulen der University of California verboten wurde, provozierte das natürlich sofort den ganzen Sermon des Proto-Erwähltismus, ein endloses Oratorium darüber, dass den Kids aus den armen Schwarzen Stadtvierteln die Bildung verweigert werde. Als gäbe es außer Berkeley und der UCLA keine anderen Universitäten. Angeblich würde in Berkeley die Rassentrennung wieder Einzug halten, was unterstellte, dass die weiße Hochschulleitung genau das eigentlich wollte.

Es spielte überhaupt keine Rolle, dass es zu diesem ›segregierten‹ Berkeley natürlich nicht kam. Auch darüber, dass junge Schwarze Leute, die statt in Berkeley etwas weiter südlich an der UC Santa Cruz studierten, nicht zwangsläufig in die Arbeitslosigkeit schlitterten, wurde nicht diskutiert. Der leitende Impuls war, ohne Rücksicht auf jede Vernunft laut »Rassismus!« zu schreien. Es war Critical Race Theory in Aktion. Die Proto-Erwählten jener Zeit begrüßten die nicht laut ausgesprochene Idee, es sei zu ›weiß‹ und damit unfair, den Dingen mit Vernunft statt mit Emotion zu begegnen. Dass wir uns eigentlich darum kümmern sollten, mehr Schwarze Jugendliche wirklich für Berkeley und die UCLA zu qualifizieren, wurde als nachrangiges Problem betrachtet. Dafür gab es durchaus Stimmen, die es etwas verdächtig fanden, wenn junge Schwarze Leute auf diesem Niveau Leistung brachten, fast so, als hätten sie sich dem angeblich weißen Ethos zu bereitwillig unterworfen.

Wem das alles zu impressionistisch vorkommt: Als das Verbot eingeführt wurde, lehrte ich selbst in Berkeley. Eine Schwarze Studentin, die sich um die Anwerbung von Minderheiten kümmerte, erzählte mir damals unumwunden: Im *Minority Recruitment Office* würden alle befürchten, dass Schwarze Studierende, die nicht über die ethnische Bevorzugung an die Uni kämen, sich nicht in der Black Community auf dem Campus engagieren wollten. Nie habe ich das Bild, dass man als Nerd nicht authentisch Schwarz sein kann, unverhohlener bestätigt bekommen. Es war im Mai 1998, an einem Mittwoch, um ungefähr vier Uhr nachmittags.

Solche Gefühle bringen Menschen dazu, dafür zu kämpfen, dass Schwarze Studierende von dem Wettbewerbsniveau ausgenommen werden, mit dem andere junge Leute unabhängig von ihrem Hintergrund zurechtkommen müssen. Zusätzlich spielen egozentrische Schuldgefühle weißer Menschen – *White Guilt* – und deren fehlendes echtes Interesse für das Schicksal Schwarzer Menschen eine Rolle. Heute ist die Datenlage zu den katastrophalen Folgen der Diskrepanzpolitik mehr als eindeutig, wird aber immer noch empört hinweggewedelt, schließlich passt das alles so nicht zu dem Bekunden, wie bewusst einem ist, dass Rassismus existiert. Im Ergebnis sind dann im ganzen Land Schwarze Studierende heillos überfordert, während ein einflussreicher Kader von Leuten seinen Refrain über die ›Dekonstruktion der Strukturen‹ anstimmt.

Die Erwählten und die Qualität des Schwarzen Denkens: Herablassung als Respekt

In *Zwischen mir und der Welt*, seit Jahren Pflichtlektüre für Millionen von Studienanfängern, schreibt Ta-Nehisi Coates, kein Mitleid mit den am 9. September 2001 am World Trade Center gestorbenen Polizisten und Feuerwehrleuten gehabt zu haben. Für ihn waren sie »wie Naturkatastrophen; sie waren das Feuer, der Komet, der Sturm, die – ohne Rechtfertigung – meinen Körper zerschmettern konnten«.

Gut formuliert. Aber Coates schreibt hier über Menschen mit Familien. Über Frauen und vor allem Kinder, die ihren Daddy nie wiedersahen. Auch wenn man das schwierige Verhältnis von Polizisten und Schwarzen Männern mitdenkt – sicher der Hintergrund von Coates' Mitleidlosigkeit –, erscheint seine fehlende Empathie gegenüber persönlichem Leid und die Entmenschlichung von Familienmitgliedern, die inmitten einer gigantischen, außergewöhnlichen Tragödie plötzlich allein dastanden, doch erschreckend kaltherzig. Für einen öffentlich als Intellektueller Gepriesenen ist eine solche Reaktion auf jeden Fall viel zu affektiv und verantwortungslos.

Trotzdem kam von den weißen Meinungsmacherinnen und -machern in den Massenmedien allerhöchstens ein mahnend-lächelndes Ts-ts-ts. In unserer Gesellschaft kann also eine Frau als moralisch pervers gebrandmarkt und dann aus ihrem Job geworfen werden, wenn sie zum Scherz Blackface-Make-up trägt (jene Angestellte der *Washington Post*) oder wenn sie als Weiße anderthalb asiatische Promis kritisiert (Alison Roman). Aber Coates darf sagen, dass weiße Beschäftigte im öffentlichen Dienst den Tod verdient haben, und wird trotzdem weiter als Amerikas führender Prophet zum Thema *Race* gefeiert.

Der einzige Grund, warum man das Coates hat durchgehen lassen, ist Herablassung. Oder auch: die brutale Abqualifizierung eines Schwarzen Menschen. Coates nicht für sein entsetzliches Urteil zur Verantwortung zu ziehen – man stelle sich vor, was los gewesen wäre, wenn es von John Lewis gekommen wäre! – und das Buch, in dem dieses Urteil steht, leicht zu beeinflussenden jungen Leuten im ganzen Land als Pflichtlektüre zu geben, bedeutet, Coates als jemanden zu behandeln, der für sein Tun nicht verantwortlich ist. Es bedeutet, ihn wie ein Kind zu betrachten und ihm freundlich den Kopf zu tätscheln. Patsch, patsch, patsch, was bist du niedlich!

Die Schwarze Journalistin Nikole Hannah-Jones weicht nicht von ihrer Ansicht ab, dass der Unabhängigkeitskrieg ausschließlich um den Fortbestand der Sklaverei geführt wurde. Dafür hat sie den Pulitzer-Preis bekommen. Auch wenn es beim *1619 Project* um noch einiges mehr ging: Ihre These zum Unabhängigkeitskrieg war ein großes Ding. Hieraus folgte, dass die Geburt Amerikas auf 1619 zurückdatiert wurde, das Jahr, in dem es, so lässt sich zumindest argumentieren, mit der Sklaverei losging. Die Serie bekam deswegen sehr viel Aufmerksamkeit. Ohne diese zentrale These hätte Hannah-Jones keinen Preis gewonnen.

Ein aufgeklärtes Amerika sollte eine öffentliche Figur für ihre Äußerungen unbedingt zur Rechenschaft ziehen. Hannah-Jones' Behauptung den Unabhängigkeitskrieg betreffend ist schlicht und ergreifend falsch, aber unsere momentane kulturelle Etikette verlangt von uns, so zu tun, als sei das nicht so – eben weil Hannah-Jones Schwarz ist. Da bekommt also jemand den Pulitzer-Preis für eine falsche Interpretation historischer Dokumente, für die es in der Wissenschaft massenhaft Expertise gibt. Und trotzdem wird die Behauptung durch im ganzen Land verteilte Unterrichtsmaterialien unhinterfragt verbreitet.

Kaum etwas deutet so sehr auf das unkontrollierte Eindringen der Erwählten in die grauen Zellen dieses Landes hin wie die Tatsache, dass viele die massive Herabwürdigung von Hannah-Jones unbekümmert hingenommen haben. Weiße klopfen ihr auf die Schulter, weil sie so mutig sei und ihre Meinung sage. Niemand stellt bedauernd fest, dass

Hannah-Jones sich offensichtlich verrannt hat, und wünscht ihr für den nächsten Versuch mehr Glück. Das ist wahrhaft bigott. Diese Menschen verhalten sich herablassend gegenüber einer Schwarzen Frau, die es verdient, besser behandelt zu werden, auch wenn der sie prägende Zeitgeist verhindert, dass sie das selbst begreift.

Rassistisch verhalten sich auch diejenigen, die Schwarze Wissenschaftlerinnen und Wissenschaftler ausreden lassen, wenn diese behaupten, der Grund dafür, dass so wenige Schwarze in die Physik gingen, sei Rassismus. Diese Leute kann man erst ernst nehmen, wenn sie eindeutig Schwarze Wissenschaftler und Wissenschaftlerinnen benennen können, denen Doktortitel, Postdoc-Stipendien oder Jobs vorenthalten wurden, obwohl sie Arbeit vom selben Kaliber machen wie ihre weiße Kollegenschaft. Wenn daraufhin behauptet wird, Rassismus würde nicht so offen zutage treten, dann muss es sich wohl um institutionellen Rassismus handeln, der Menschen schon betrifft, bevor sie an die Hochschulen kommen. Wenn man diesen Punkt aber so denkt, dann ist es sinnlos, Universitäten und Forschungseinrichtungen Rassismus vorzuwerfen. Denn: Was können sie schließlich ausrichten, wenn es um unzulänglichen naturwissenschaftlichen Unterricht an öffentlichen Schulen in Schwarzen Wohnvierteln geht? Wer diese Fragen denjenigen, die Beschwerde führen, nicht direkt stellt und keine echte Antwort von ihnen verlangt, mag sich vielleicht wie ein höflicher Mensch fühlen, tut aber eigentlich nichts anderes, als sie gönnerhaft und von oben herab zu behandeln.

Und was die Forderung anbelangt, dass sich beispielsweise in der Physik die Vorstellung davon ändern muss, was als echte Forschung zählt, und dass eine ›Schwarze Perspektive‹ zugelassen werden muss: Es ist schon herablassend, darüber auch nur ein weiteres Wort zu verlieren. Vermutlich würde eine ›alternative‹ Perspektive auf die anspruchsvolle, knallharte höhere Mathematik verzichten wollen, die ernst zu nehmende Physiker doch beherrschen sollten. Es hieße dann sicherlich, auch Schwarze Physikerinnen und Physiker beherrschten diese Art der Mathematik, wendeten sie aber eben Schwarz oder ›divers‹ an.

Sollte ich zu rhetorisch klingen, sollten Sie sich einen interessanten Artikel der Schwarzen Physikerin Chanda Prescod-Weinstein zu Gemüte führen, die den »weißen Empirismus« dafür verdammt, dass er Schwarze Frauen aus der Physik draußen hält. Es ist nicht ganz einfach zu erkennen, was für Prescod-Weinstein eine gangbare Alternative wäre, aber es ist klar, dass die logische Beweisführung von A über B zu C für sie nur einer der möglichen Wege ist, Wissenschaft zu betreiben. Wir sollen uns also einen Kader von Physikerinnen und Physikern heranzüchten, die eigentlich nichts draufhaben, damit die MINT-Fächer nicht so weiß besetzt sind. Lassen Sie uns bloß nicht darüber nachdenken, dass andere Physiker dann eigentlich gar nicht mehr anders können, als ihre ›divers arbeitenden‹ Kolleginnen und Kollegen unterschwellig als weniger kompetent zu behandeln und es ergo noch mehr Grund geben wird, überall Rassismus zu wittern.

Aber das ist sicher viel zu weit vorausgedacht. Das Gebot der Stunde ist es, Rassismus zu identifizieren und weiße Menschen wissend nicken zu lassen, wenn es heißt, Physik sei rassistisch und Menschen of Color gegenüber vorurteilsbehaftet, dieses Problem müsse dringend ›angegangen‹ werden. Aber damit behandelt man Schwarze Menschen im Namen von etwas, das sich ›Dezentrierung von Weiß‹ nennt, nur noch mehr wie Idioten. Wer Dinge so ›angeht‹, hat wirklich nicht allzu viel ›begriffen‹. Begreifen sollte man doch nur, dass es sich hier um religiöses Denken handelt, das Richtlinien zulässt, die säkular betrachtet keinerlei Sinn ergeben.

Anders gesagt: Wenn Schwarzsein tatsächlich bedeutet, das ganze Leben lang gegen Rassismus anzurennen, dann äußert sich dieser Rassismus nicht selten in Form von herablassender Ablehnung. Die KIPP Academy, die die Vernetzung öffentlicher Schulen betreibt, um armen Kindern of Color eine solide Ausbildung zu ermöglichen und sie aufs College vorzubereiten, ist zu dem Schluss gekommen, mit den Kindern zu hart umgesprungen zu sein. Ihre Sünde war ihr eigenes Motto: »*Work hard. Be nice.*« (»Arbeite hart. Sei freundlich.«)

Die Academy hat verlautbart, ihre Schützlinge diesem Mantra auszusetzen schmälere »die bereits unternommenen Anstrengungen, systemischen Rassismus zu dekonstruieren«, bewerte »Fügsamkeit und Unterwürfigkeit« positiv, arbeite der »Illusion der Leistungsgesellschaft« in die Hände und passe insgesamt »nicht zu unserer Vision von Schülerinnen und Schülern, die die Freiheit haben, ihre Zukunft nach eigenem Willen zu gestalten«.

Übersetzt bedeutet das: Schulen, die ihren Auftrag so verstehen, Kinder dabei zu unterstützen, das Beste aus ihren suboptimalen Startbedingungen zu machen, fühlen sich jetzt unwohl, wenn sie ihren Schülern und Schülerinnen beibringen, dass es Vorteile hat, sich an Regeln zu halten und sich Mühe zu geben. Offensichtlich gibt es andere, *wokere* Wege, um in Zukunft erfolgreich zu sein – zumindest in einer Zukunft, die so aussieht, »wie sie das wollen«. Und diese Zukunft lässt sich anscheinend haben, wenn man keine Regeln befolgt und dem Leistungsprinzip immer schön misstraut – denn wer Regeln einhält und ehrgeizig ist, spielt das Spiel des weißen Mannes.

Die Leute der KIPP Academy legen damit sowohl gesunden Menschenverstand als auch echtes Mitgefühl ad acta, in einer Form, wie sich das Lehrer und Lehrerinnen für ihre eigenen Kinder niemals wünschen würden. Genau so ist es mit den Erwählten: Sie hängen einem charismatischen, aber sinnfreien Dogma an und vertreten es in aller Öffentlichkeit als eine Haltung moralischer Güte. Ihre Religion ersetzt frühere Religionen, bei denen das Motto »Arbeite hart, sei freundlich!« doch recht häufig als weise gegolten hätte. Das Mantra der Erwählten allerdings lautet »Bekämpfe den Rassismus, empöre dich!« – auch wenn es auf Kosten des Wohlergehens Schwarzer Menschen und ihrer Kinder geht.

Die Erwählten und die Identität: Die Essenz Schwarzer Menschen ist das Nichtweißsein

Früher habe ich nie ganz verstanden, wieso gesammelte Aufsätze einer Person of Color als runde, in sich stimmige Präsentation durchgegangen ist. Als Buch eben.

Ein Mensch, der mit der Rezension eines solchen Buches

betraut war, gab dann gern mal zu Protokoll, dieses Buch sei deswegen schlüssig, weil sich alle Texte ums Thema ›Identität‹ drehten.

Dieser Mensch sprach das Wort ›Identität‹ mit leiser Wärme aus. Es klang, als habe er ›Familie‹ gesagt oder ›Blaubeermuffin‹. Und für manche Leute im Raum war allein dieses Wort schon überzeugend genug. Denn als Thema hatte ›Identität‹ für sie etwas ähnlich Zwingendes wie ›Klimawandel‹.

Man könnte allerdings fragen: Warum nur war Identität ein derart zentrales Thema für sie, dass eigentlich sehr unterschiedliche Aufsätze als stimmige Essaysammlung durchgingen? 1950 hätte niemand ein solches Buch für preiswürdig gehalten, ob nun Identität darübergestanden hätte oder nicht. Was genau ist überhaupt gemeint mit dieser Identität?

Wenn die Erwählten ›Identität‹ sagen und sich dabei an den Wortgebrauch halten, wie er sich in akademischen Kreisen innerhalb der Geistes- und Sozialwissenschaften herausgebildet hat, meinen sie: die Art und Weise, wie eine nichtweiße Person ihr Nichtweißsein und ihr Verhältnis zur Unterdrückung durch Weiße verhandelt.

Der Erwähltismus fordert von allen Nichtweißen, ihr Selbstverständnis primär darauf zu gründen, nichtweiß zu sein und darum zu wissen, dass Weiße sie nicht so ganz ›begreifen‹. Ausgehend von der Vorstellung eines erdrückenden weißen Rassismus will der Erwähltismus die Selbstdefinition von uns als Nichtweißen dagegen in Stellung bringen und uns verbieten, Individuen zu sein. Und das, obwohl die Rolle, die Rassismus im Leben der meisten Schwarzen Menschen spielt, hier stark überzeichnet wird. Auch Polizeigewalt, so entsetzlich sie ist, ist nur eine von tausend Erfahrungen, die wir – wenn überhaupt – auf dem Weg von der Wiege zum Grab machen. Jetzt werden Ihre Erwählten Freunde sicher behaupten, ich würde ihre Überzeugungen verzerrt darstellen. Bitten Sie sie, diesen Kritikpunkt mit Belegen zu untermauern – und Sie werden, während stets knapp an Ihnen vorbeigeschaut wird, eine so wortreiche wie krude Antwort bekommen, die Ihnen beweist, dass ich recht habe.

Eine solche *Wokeness* befördert uns zurück zu den künstlich ethnifizierten Kategorisierungen, die wir doch, so dachte ich zumindest, hinter uns lassen wollten. Wer aber nachfragt, warum wir uns die Überwindung solcher Kategorien nicht mehr wünschen sollen, wird von den Erwählten – darauf kann man wetten – der gelebten *White Supremacy* verdächtigt. Das Projekt der Aufklärung mit seinem Fokus auf dem Individualismus sowie das Projekt der Moderne mit seiner Erlaubnis, man selbst sein zu dürfen und kein an einen bestimmten Klassenstatus geknüpftes Leben führen zu müssen, löst sich in seine Einzelteile auf angesichts dieser Idee: dass man sich, will man etwas anderes sein als weiß, obsessiv mit der Tatsache beschäftigen muss, eben nicht weiß zu sein. Und dass man diskriminiert davon ist, von den Weißen möglicherweise nicht in Gänze wahrgenommen zu werden.

Genauer: Unter den Erwählten ist *Blackness* das, was man nicht ist – also: von den Weißen in seiner Gänze wahrgenommen –, und nicht das, was man ist. *Blackness* wird dir also angetan und ist nicht das, was du gerne tätest. Dieses Konstrukt wird einem dann nicht als rückständiges, sondern als avanciertes Denken verkauft. Und zwar »wegen dem Rassismus«. Rassismus über alles. Das Problem ist, dass die Erwählte Philosophie Schwarze Menschen dazu bringt, ausschließlich damit beschäftigt zu sein, dass jemand anderes sie vielleicht nicht total gernhaben könnte, und dann in ungestillter Sehnsucht zu sterben.

Und das soll der Sinn des Lebens sein? Die große Antwort, nach der die Philosophie seit Jahrtausenden strebt? Aber gebildete Weiße wehren sich bereits gegen die Vorstellung, dass die Essenz des Schwarzseins darin bestehen soll, von Weißen nicht wahrgenommen zu werden. A. O. Scott, Filmkritiker bei der *New York Times*, schrieb den berühmten Satz: »Rassismus ist das, was uns weiß macht.«

Erschreckend viele Leute begreifen nicht, dass dieser geflissentlich ›antirassistische‹ Begriff von Schwarzer Identität den Ansatz entwertet, Menschen zu sagen, sie sollten ihre Individualität doch besser betonen. Grob gesagt steht dahinter folgende Idee: Wegen dem, was George Floyd zugestoßen ist, muss sich der kluge Schwarze Mensch auf sein wichtigstes Merkmal besinnen, nämlich jemand zu sein, dem das gleiche Schicksal widerfahren könnte wie Floyd.

Der Schwarze Philosoph Kwame Anthony Appiah beispielsweise hat ausführlich und kunstvoll über den Wert des Individualismus geschrieben – der im Gegensatz steht zu vereinfachenden balkanisierten ›Identitäten‹. Im aktuellen Zeitgeist der Erwählten aber liegt Appiah falsch. Dieser ghanaisch-britische schwule Mann soll sich zuallererst und vor allem als ›Schwarzer Mann‹ begreifen, also als ein Mann wie Chris Rock, Samuel Jackson, Michael Brown, Trayvon

Martin und George Floyd. Und auch wir sollen ihn als solchen begreifen – ungeachtet der Tatsache, dass Appiah mit allen Genannten nichts Relevantes gemein hat. Wir sollen dieses karikierte Bild von ihm hauptsächlich deswegen haben, weil er ein kleines bisschen wahrscheinlicher Probleme mit der Polizei bekommt als beispielsweise Steven Pinker.

Von daher trifft es – auch wenn viele das denken – nicht zu, dass die Erwählte Ideologie einfach nur den Essenzialismus längst der Vergangenheit angehörender Gestalten wie Johann Gottfried von Herder und seinem Begriff von den »Nationen« und deren je unterschiedlichem »Geist« wiederaufnimmt. Die Erwählten unterteilen Menschen nicht willkürlich, etwa entlang der Klassifikation ›Ungar‹ oder ›Schwede‹. Für sie gibt es eine Machtungleichheit, die sich durch alle von ihnen ausgemachten Gruppen hindurchzieht. Sie unterscheiden Weiße und diejenigen, die von Weißen unterdrückt werden, mit der Idee im Kopf, dass das Unterdrücktsein per se ein wesentliches Merkmal ist. Hier geht es nicht um die Horizontalität im Verhältnis von beispielsweise teutonischem Wesen zu slawischem Wesen, sondern um die Vertikalität des ›wer verletzt wen‹.

Das Problem hierbei ist nicht nur, dass Schwarze Menschen zu einer bestimmten Selbstwahrnehmung gedrängt werden, sondern dass ihnen sogar noch vorgeschrieben wird, wofür sie sich zu interessieren haben und womit sie sich in ihrer kurzen Zeit auf Erden beschäftigen sollen. Wenn ihre ›Identität‹ – also all das, was sich gegen den weißen Hegemon auflehnt – das ist, das für sie den größten intellektuellen, ästhetischen und moralischen Mehrwert mit sich bringt, wird die Bandbreite dessen, wofür man sich interessieren kann, unausweichlich kleiner. Das Erwähltsein hemmt die echte Wissbegierde.

Wenn wir stillschweigend davon ausgehen, dass jedes von einer Schwarzen Person in den USA geschriebene Buch von *Race*, Rassismus oder dem Kampf gegen Rassismus handeln muss, hat das Konsequenzen. Ich frage Sie als Leser oder Leserin: Nennen Sie mir auch nur ein Sachbuch einer Schwarzen US-Autorin oder eines Autors, in dem es weder um den Kampf gegen Rassismus noch im weiteren Sinn um *Race* und Rassismus geht.

Wie Sie als jemand, der dieses Buch liest, vielleicht wissen, habe ich ein paar geschrieben. Aber fallen Ihnen auch noch andere Autoren oder Autorinnen ein? Und nun ziehe ich die Schrauben noch etwas fester und frage: Fällt Ihnen außer Neil deGrasse Tyson und Thomas Sowell noch jemand ein? (Malcolm Gladwell kommt aus Kanada.)

Ich weiß, da draußen gibt es noch ein paar Sachbücher, die beim Thema *Race* eine eher konventionelle Position vertreten und die nicht von *Race*-Leuten geschrieben sind. Aber die Tatsache, dass den meisten nur die wenigen oben genannten Autoren einfallen, scheint mir bezeichnend für die unausgesprochene Übereinkunft sowohl unter Schwarzen amerikanischen Autorinnen und Autoren als auch in unseren weißen Unterstützerkreisen, dass wir Schwarzen nur noch im Dienste des großen Kampfes zu schreiben haben. Wir dürfen nur noch auf der Basis unserer ›Identität‹ als Opfer von *Whiteness* schreiben, und wenn wir das nicht tun, wissen wir zum einen nicht, wer wir sind, und erweisen zum anderen unserer *Race* einen schlechten Dienst, weil wir nicht richtig bei der Sache sind. Diese Grundannahme gibt regelmäßig den Ausschlag dafür, wer von der (weißen) Verlagsindustrie einen anständigen Vorschuss für sein Buch bekommt. Seit 2020 hat sich diese Tendenz noch einmal verstärkt.

Zora Neale Hurston fragte 1938: »Kann der schwarze Dichter ein Lied auf den Morgen singen?« Und stellte fest: Nein, »für einen Negro ist das einzige Thema die Rasse und das davon verursachte Leiden, weswegen er sich das Lied auf den Morgen verbeißen muss. Ich schreibe stattdessen über einen Lynchmord.« Seit 1938 hat sich daran nichts geändert, außer dass man heute, sollte man dieses Zitat laut vorlesen, wahrscheinlich von einer Gruppe Studierender bei der *Diversity*-Koordinationsstelle gemeldet wird, weil darin das N-Wort vorkommt. Und heute müssen wir natürlich nicht mehr über Lynchmorde schreiben, sondern über George Floyd und die gesellschaftlichen Umstände, die zu seinem Tod führten.

Ich habe ein Beispiel aus persönlicher Erfahrung: Wir Schriftsteller und Schriftstellerinnen haben alle Bücher geschrieben, die nicht so grandios geraten sind (erinnert sich noch jemand an mein *All About the Beat: Why Hip-Hop Can't Save Black America*?). Mein Buch *Talking Back, Talking Black* darüber, warum Black English eine legitime Sprache ist, gehört allerdings nicht dazu. Insgesamt gesehen scheint es den Leuten gefallen zu haben. Einzige Ausnahme: Jamil Smith, ein Schwarzer Journalist.

In seiner Rezension in der *New York Times* bemängelte er, dass ich das Buch nicht der Rolle gewidmet habe, die Rassismus dabei spielt, wie wir diesen Dialekt wahrnehmen.

Ich komme im Buch hier und da darauf zu sprechen, aber mein Hauptanliegen war es, mit diesem Buch zu zeigen, wie komplex, ungeheuer reich und hartnäckig dieser Dialekt ist. 150 Seiten darauf zu verwenden, Weißen mit einem empörten Zungenschnalzen zu begegnen, interessierte mich nicht, und es erschüttert mich immer wieder, wie viele Schwarze Autorinnen und Autoren damit zufrieden sind, in ihrer Arbeit wenig mehr zu tun als ebendas. In dem Thema *Black English* steckt jedoch deutlich mehr, und mir als einem normal wissbegierigen Menschen war es ein Anliegen, mich auf dieses Mehr zu einzulassen.

Aber weil es meinem Buch nicht hauptsächlich darum ging, Weißen ein schlechtes Gewissen zu machen, war es für Smith eben nicht gut genug. Ich hörte damals häufiger, er habe sich offenbar gewünscht, ich hätte ein anderes Buch geschrieben. Genauso war es, und welches Buch er lieber gehabt hätte, ist klar: Als typischer Erwählter Schwarzer Intellektueller geht Smith davon aus – er merkt noch nicht einmal, dass er sich auf dem Boden einer Annahme bewegt –, dass es das Hauptanliegen von mit der Öffentlichkeit kommunizierenden Schwarzen sein muss, Rassismus zu beschreiben, zu diskutieren und anzuprangern. Für so jemanden ist die Lektüre eines Buchs über *Black English*, das den Weißen nicht in jedem zweiten Absatz sagt, dass sie rassistisch sind, als würde er einem Schlagzeuger zuhören, der den Beat nicht richtig halten kann. Da stimmt etwas nicht, da wird eine Aufgabe nicht erledigt. Für Smith war es sozusagen mein Fehler, dass ich nicht über einen Lynchmord schrieb.

Ins Gewicht fällt für mich auch das Trommelfeuer an Beschimpfungen, das viele Schwarze Menschen gegen meinen Freund Thomas Chatterton Williams lancierten. Er ist als Schwarzer Autor mit einer weißen (und französischen) Frau verheiratet, und ihre beiden Söhne sind so hellhäutig, dass es einem ziemlich abstrakt vorkommt, sie als Schwarz zu bezeichnen. Williams hat einsichtsvoll darüber geschrieben, dass wir, vor allem in heutiger Zeit, die Vorstellung, dass sich ein Mensch auch mit minimalen afrikanischen Anteilen als Schwarz ›identifizieren‹ muss, noch einmal überdenken sollten.

Wenn eine ethnisch gemischte Person, halb weiß, halb Schwarz, über sich selbst sagt, sie sei nicht Schwarz, kommt klassischerweise der Einwand, sie werde aber ja trotzdem als Schwarz wahrgenommen und solle sich von daher nicht einbilden, nicht von Diskriminierung betroffen zu sein. Was aber, wenn sie eine so helle Haut hat, dass niemand sie als Schwarz liest, und alle einfach nur vermuten würden, dass sie irgendetwas anderes ist als eben hundertprozentig weiß?

Wenn diese Person phänotypisch alles sein könnte zwischen Latino/a, halbasiatisch, philippinisch oder sonst was – was im 21. Jahrhundert mit zunehmender Häufigkeit vorkommt –, bringen die Erwählten als nächsten Einwand, dass man, wenn man nicht weiß ist – egal wie nichtweiß –, sofort demselben Rassismus ausgesetzt ist wie alle Schwarzen in den USA. Aber stimmt es, dass man als BIPoC egal welcher Sorte einer völlig einheitlichen Diskriminierung unterworfen ist? Bekommt ein Mensch deshalb einen Job nicht, weil er undefinierbar halb-x und halb-y ist? Erfährt er soziale Ausgrenzung, wenn er sich in weiße Gesellschaft oder sogar Liebesverhältnisse begibt? Wird die Polizei ihn als Gefahr betrachten? Und wenn das alles nicht zutrifft, dann müssen wir doch fragen dürfen, warum er sich partout als Schwarz ›identifizieren‹ soll oder ob es nicht doch einfach nur darum geht, sich in die Reihen Schwarzer Erwählter zu stellen, die es sich in der Komfortzone ihres Hasses auf die *Whiteness* gemütlich machen, statt sich in Selbstliebe zu üben.

Ich werde nie vergessen, wie mir eine Studentin, selbst halb weiß und halb asiatisch, nach einem Vortrag an einer Universität hartnäckige Fragen stellte. Für mich sah sie weiß aus oder weiß mit einem Hauch Unidentifizierbarkeit. Damals wäre sie ohne Weiteres als weiß durchgegangen. Aber gemäß dem heutigen Zeitgeist war sie zutiefst davon überzeugt, von Rassismus unterdrückt zu sein. Sie empörte sich vor allem darüber, dass man wegen ihres asiatischen Aussehens von ihr erwarte, schlau zu sein, und konnte sich absolut nicht abfinden mit meiner vorsichtigen Erwiderung, ich könne bei ihr keine Unterdrückung erkennen, die es unausweichlich mache, sich von diesem Wesenskern ausgehend zu definieren.

Sie war wie eines von Thomas Chatterton Williams' Kindern, nur halb asiatisch statt halb Schwarz. Sie hatte sich einen Kummer zu eigen gemacht, den sie als existenziell empfand, der aber von ihren alltäglichen Erfahrungen eigentlich gar nicht gedeckt wurde. Ich bin mir sicher, es kann anstrengend sein, wenn alle dich für schlau halten, aber die wenigsten würden das wohl als eine Menschheitsverheerung erachten.

Aus alldem folgt, dass wir neu nachdenken sollten über

unsere ethnischen Raster und Kategorisierungen. Will sagen: Wenn wir wirklich glauben, dass *Race* Fiktion ist, sollten wir zulassen, dass ethnisch uneindeutige Menschen sich genau dafür einsetzen, und die Vorstellung aufgeben, dass sich alle mit nur einem Körnchen *Non-Whiteness* im Leib als nichtweiß identifizieren müssen. Wir sollten fragen, warum sich jemand, der noch nicht einmal dem äußeren Anschein nach Schwarz ist, im 21. Jahrhundert seine *Blackness* so zu eigen machen soll, wie Jefferson Davis und Bull Connor es gutgeheißen hätten. Dass diese Forderung von Grund auf sinnfrei ist, müssten doch alle irgendwie einsehen können, zumindest auf einer gewissen Ebene. Wozu auch die Erkenntnis gehört, dass das, was George Floyd passiert ist, diese Forderung nicht legitimer macht.

Aber weil er dafür in der Öffentlichkeit eintritt, wird Williams von Leuten, die sich ernsthaft für die Überbringer und Überbringerinnen einer progressiven Botschaft halten, oft als Verräter, als *»race traitor«*, angegangen. Meine Damen und Herren, so sind sie, die Erwählten!

In Summe verlangt die Ideologie der Erwählten in der Identitätsfrage von nichtweißen Menschen, ihr gesamtes Selbstbild entlang der Tatsache zu entwickeln, nichtweiß zu sein und nicht zu mögen, wie Weiße eventuell über sie denken oder auch nicht denken. Ein solches Selbstverständnis wünscht sich doch wirklich niemand für sein eigenes Kind. Die Annahme, es wäre progressiv, ist falsch. Als schwarzmalerische, unlogische und sinnfreie Bürde liegt sie Menschen auf der Seele, die ihre geistige Energie lieber für anderes verwenden sollten.

Die Erwählten und das, was besorgten Schwarzen Menschen wichtig sein sollte, Beweisstück A: »Ungleiche Ergebnisse stehen für ungleiche Chancen«

Alle Weißen, die sich daran abarbeiteten, die Erwählte Ideologie bis zur Meisterschaft zu beherrschen, erreichte im Jahr 2020 folgende Premiumbotschaft: Wenn Schwarze Menschen hinter weißen zurückliegen, kann der einzige Grund dafür nur Rassismus sein, auch wenn er in seiner Rolle kaum wahrnehmbar ist.

Diese Idee ist seit den 1960er Jahren in allen Diskussionen über *Race* zentral, und sie ist auch der hauptsächliche Grund dafür, dass diese Diskussionen für komplex gehalten werden. Wenn Rassismus nicht mehr so offenkundig zutage tritt wie in alten Zeiten, gilt es als Ausweis der eigenen Bildung, wenn man verstanden hat, dass der junge Schwarze Mann mit seinen Problemen im Jahr 2020 genauso in den Ketten des Rassismus liegt wie sein Urgroßvater zur Zeit der Rassentrennung oder sein Urururgroßvater zur Zeit der Sklaverei. Im Kern dieser Argumentation steckt immer, dass nur noch eine andere Möglichkeit bleibt, wenn wir die Probleme nicht auf Rassismus zurückführen: Dass Schwarze Menschen nämlich von Natur aus defizitär sind. Und da diese These doch in höchstem Maße unwahrscheinlich zu sein scheint, müssen wir mit dem Finger auf den Rassismus zeigen.

Das wäre die treffende Zusammenfassung der Philosophie von Ibram X. Kendi. Warum die Erwählten sein Werk für so essenziell halten, liegt tatsächlich an diesem daumennagelgroßen Grund, einem Argument, das zu dem berühmten, wohlformulierten Tweet von Ta-Nehisi Coates passt: »Nichts ist so falsch an Schwarzen Menschen, dass die vollständige und totale Abschaffung der weißen Vorherrschaft es nicht heilen könnte.« Jeder und jede, die dieses Buch hier lesen, müssen internalisieren, dass es genau diese Idee ist, die in jeder Diskussion über *Race* immer zur Streitfrage wird und die jede Diskussion immer so unergiebig hitzig werden lässt. Sie impliziert nämlich Folgendes: Wenn du nicht dem Rassismus die Schuld gibst, bist du selbst Rassistin oder Rassist.

Ein klarer Hinweis auf diesen grundlegenden Einstellungswandel war eine Konferenz für Naturwissenschaftslehrende im Bundesstaat Washington 2020, wo den Teilnehmerinnen und Teilnehmern mittels einer PowerPoint-Präsentation folgende Behauptung vorgesetzt wurde: »Sollten Sie zu dem Schluss kommen, dass Einkommensunterschiede in demographischen Untergruppen die Folge von etwas anderem als einem kaputten System sind, ist das qua definitionem vorurteilsbehaftete Bigotterie.«

Ibram X. Kendis gesamte Schriften sind durchzogen von dieser Haltung. Als täte er uns einen Gefallen, ebendiesen Punkt zu konstatieren, ohne dabei die Stimme zu erheben. Als strecke er, metaphorisch gesprochen, mit einem leichten Schulterzucken die Hände aus und wolle uns mitteilen: »Was soll ich euch sonst sagen, und warum sollte ich euch darum bitten müssen?« Darum, meine Lieben, sollt ihr ihn nicht nur respektieren, sondern verehren. Und das wiederum bedeutet: Ihr sollt seinen ›Ideen‹ vollkommen unkritisch begegnen.

Dass wir ihn fragen – wenn wir uns denn trauen –, ob

wirklich jegliche Ungleichheit zwischen ethnischen Gruppen mit Bigotterie, Voreingenommenheit und Intoleranz zu tun hat, hängt damit zusammen, dass seine These eine starke Vereinfachung ist (was wir alle nur allzu gut wissen). Weil uns, wenn auch nur unbewusst, klar ist, dass kein Rassismus, egal wie ›systemimmanent‹ oder ›strukturell‹ er auch sein mag, all das erklären kann, was die Schwarze Community plagt, sprechen wir von allem Strittigen beim Thema *Race* vorsichtig nur von dem *Race*-Ding. Ein Großteil der Diskussion über das *Race*-Ding gleicht einer Vereinbarung, die gebildete US-Amerikanerinnen und -Amerikaner getroffen haben, um einen Austausch zu performen, der zugunsten von Beschwichtigung und demonstrativer Zurschaustellung eigener Tugendhaftigkeit einen großen Bogen um die Logik macht.

Ein Wort an die Leserinnen und Leser, die sich angesprochen fühlen, aber Skrupel haben, das laut zu sagen: Schauen wir uns an, wie es im echten Leben so läuft.

1987 ›adoptierte‹ ein reicher Spender in Philadelphia 112 Schwarze Sechstklässler, von denen nur wenige mit einem Vater aufgewachsen waren. Er garantierte ihnen die Finanzierung ihrer Ausbildung bis zum College-Abschluss, unter der Voraussetzung, dass sie keine Drogen nahmen, keine Kinder vor der Ehe bekamen und nicht straffällig wurden. Außerdem kümmerte er sich um Nachhilfe, Workshops und regelmäßige Freizeittermine, schickte sie in die Sommerschule und stellte ihnen Berater oder Therapeutinnen zur Seite, wenn sie Probleme hatten.

45 dieser Jugendlichen schafften nicht mal den Highschool-Abschluss. Von den 67 Jungs wurden 19 straffällig.

Zwölf Jahre später hatten die 45 Mädchen insgesamt 63 Kinder, und mehr als die Hälfte von ihnen war vor dem 18. Lebensjahr Mutter geworden.

Wo genau war hier der Rassismus, der diese armen Kids ausbremste und der damals hätte überwunden werden können, was für diese Jugendlichen zu einem anderen Ergebnis geführt hätte? Die Antwort lautet: Es war kein Rassismus im Spiel. Sozialgeschichte ist viel zu komplex, um sich den Entweder-oder-Thesen KenDiAngelo'scher Machart zu fügen. Diesen Jugendlichen stand lediglich im Weg, dass sie, verglichen mit den weißen Kids aus den Vorstädten, mit einem vollkommen anderen Verständnis davon aufgewachsen waren, was normal ist.

Ja, ich könnte von einer anderen ›Kultur‹ sprechen, und wenn ich es täte, wäre das auch kein Weltuntergang. Und gewiss lassen sich solche kulturellen Faktoren auf in der Vergangenheit liegende Rassismuserfahrungen zurückführen. Entmenschlichende Behandlung bringt Menschen sicher dazu, sich als außerhalb der Normen der sie umgebenden Gesellschaft zu verorten. Und auch so etwas spielt eine Rolle (und hierauf hinzuweisen ist noch unangenehmer): In den späten 1960er Jahren bestärkten weiße Linke arme Schwarze Frauen darin, Sozialleistungen zu beantragen, die sie davor gar nicht zu benötigen glaubten; die Linken hofften, auf diesem Weg ließe sich ein Zusammenbruch der Wirtschaft und damit ein Neustart erzwingen. So kam es, dass nachfolgende Generationen armer Schwarzer Menschen es für normal hielten, sich ihren Lebensunterhalt nicht durch Arbeit zu verdienen. Eine Mehrheit in den armen Schwarzen Communitys hätte sich nicht aktiv dafür entschieden, aber durch das Projekt einer harten Linken, so viele Schwarze Menschen wie möglich dazu zu kriegen, Sozialhilfe zu beantragen, wurde es in sozial schwachen Schwarzen Communitys sowohl für Männer als auch für Frauen zu einer der vielen Normen, keinen geregelten Nine-to-five-Arbeitsalltag zu haben. Vor ungefähr 1966 hätten auch weniger gut bemittelte Schwarze Menschen diese Norm als bizarr empfunden.

Uff! Ja, ich weiß, es klingt, als würde ich mir das ausdenken, aber so sehen die Tatsachen schlicht aus. Sollten Sie eine genauere Aufschlüsselung der Zahlen brauchen, muss ich Sie auf Quellen wie mein Buch *Winning the Race – Beyond the Crisis in Black America* verweisen. Ich kann Ihnen voller Überzeugung sagen, dass sich sehr viel von dem, was heute so viele Leser und Leserinnen hier stutzig macht, auf das zurückführen lässt, was diese hochgradig effektive Linke in den späten 1960er Jahren über die Wohlfahrtsorganisation *National Welfare Rights Organization* erreicht hat. Das können Sie bei der *NWRO* selbst nachlesen.

Aber es bedeutet, dass diese Jugendlichen nicht durch eigenes Verschulden und nicht wegen fehlender Ressourcen nicht in der Lage waren, etwas aus dem zu machen, was ihnen geboten wurde, sondern wegen unbewusst internalisierter Normen, die ihnen Weiße beigebracht hatten. Dieses Problem zieht sich bis heute wie ein roter Faden durch endlos viele Ethnographien von Menschen aus den Innenstädten, man nehme nur die Bücher *No Shame in My Game* von Katherine Newman, *American Dream* von Jason DeParle und *On the Run* von Alice Goffman.

Die Philadelphia-Geschichte war kein Einzelfall. In Kansas City wurden zur selben Zeit zwölf neue Schulen gebaut, um die schäbigen alten zu ersetzen, in denen Schwarze Schülerinnen und Schüler seit Jahrzehnten festsaßen. Die Maßnahme kostete 1,4 Milliarden Dollar. An den neuen Schulen gab es Fernseh- und Radiostudios, Planetarien, große Schwimmhallen und Fechtkurse. Die Ausgaben pro Kind wurden verdoppelt und die Klassengröße auf 25 Kinder pro Klasse halbiert. Alle Grundschüler bekamen einen eigenen Computer, und wo es vorher noch keine Sozialpädagoginnen und Erzieher gab, arbeiteten jetzt 53 von ihnen.

Blende. Die Quote der Schulabbrecher blieb gleich hoch, der Leistungsunterschied zwischen weißen und Schwarzen Schülerinnen und Schülern blieb wie eingefroren, und die Schulen benötigten am Ende einen Sicherheitsdienst, um Diebstählen und Gewaltvorfällen Einhalt zu gebieten. Das hatte mit etwas Pathologischem bei den Kindern und Jugendlichen nichts zu tun, aber mit einem Rassismus, der sich von irgendwem einfach ›überwinden‹ ließe, eben auch nicht. Der Rassismus, der hier zur Debatte steht, hatte sich subtil durch die endlosen Ströme und Verwirbelungen einer jahrzehntelangen, auf diesen Moment hinführenden Sozialgeschichte gezogen.

Wie aus den Schwarzen Innenstädten das werden konnte, was sie in den 1980er Jahren waren, ist eine komplizierte Geschichte. Schuldzuschreibungen sind hier fehl am Platz. Aber die Gemengelage schlicht mit ›Rassismus‹ zu betiteln, der einfach überwunden gehört, löst leider nicht ein einziges Problem. Vielmehr könnte man beispielsweise sagen: Eine Ursache dieser Probleme war der Krieg gegen die Drogen, der so viele Männer ins Gefängnis schickte und so viele Jungen in Armut und vaterlos aufwachsen ließ. Wer allerdings den Krieg gegen die Drogen als rassistisch bezeichnet, ignoriert, dass die Gesetze, auf deren Grundlage er geführt wurde, von ernst zu nehmenden Schwarzen Menschen, darunter Abgeordnete sowie Bewohnerinnen und Bewohner strukturell schwacher Stadtviertel, mit Nachdruck unterstützt wurden. Ich empfehle hierzu die Lektüre von Michael Javen Fortners *Black Silent Majority* (der Autor ist selbst Schwarz und nicht zu verwechseln mit dem weißen Michael D. Fortner). Wollen wir wirklich behaupten, all diese Leute waren zu dumm, um den Rassismus zu erkennen in den Gesetzen, für die sie sich starkmachten? Gesetze, von denen sie überzeugt waren, dass sie ihren Alltag sicherer machen würden?

Die Unfähigkeit so vieler Intellektueller, den Unterschied zu erkennen zwischen den früheren und den gegenwärtigen Auswirkungen von Rassismus, hat die Diskussionen über *Race* seit Jahrzehnten abgewürgt. Dieses Problem muss derart dringend begriffen werden, dass wir uns noch ein weiteres Beispiel ansehen sollten.

Schwarze Schulkinder bleiben in ihren schulischen Leistungen tendenziell hinter anderen zurück.

Viel wurde argumentiert, das läge daran, dass es unter Schwarzen Teenagern als ›weißes Verhalten‹ gälte, wenn man gern zur Schule ginge.

Viele Schwarze in den Meinungsmedien krümmen sich vor Entsetzen, wenn Weiße Texte lesen, die sich mit genau diesem Punkt befassen, denn sie befürchten, dieses ›So-tun-als-wäre-man-weiß‹-Argument könnte auch so gelesen werden, als wäre mit Schwarzen Kindern und Jugendlichen per se etwas falsch – und nicht mit der Gesellschaft und ihrem Rassismus. Aber sie übersehen, dass angelegte Defizite und

Rassismus nicht die beiden einzigen Erklärungen für diese Diskrepanz sind.

In seinem Buch *Acting White: The Ironic Legacy of Desegration*, das für das Verständnis von *Race* in Amerika genauso wichtig ist wie Michelle Alexanders *The New Jim Crow: Masseninhaftierung und Rassismus in den USA*, arbeitet Stuart Buck heraus, dass vielen Schwarzen Schülerinnen und Schülern, die in den 1960er Jahren in vormals rein weiße Schulen kamen, verbreitet Feindseligkeit entgegenschlug, sowohl offene als auch unterschwellige. Weiße Lehrkräfte gingen im besten Fall davon aus, die Schwarzen Schüler und Schülerinnen seien hoffnungslos und hätten keinerlei Aussicht auf Erfolg, im schlechtesten sabotierten sie deren Vorankommen aktiv. Auch wenn nicht immer so aggressiv wie durch die höhnisch grinsenden Kids auf den Fotos der Central High School von Little Rock, begegneten viele weiße Mitschüler und Mitschülerinnen den neuen Schwarzen Kids auf unzählige Arten ausgesprochen unfreundlich.

Das überrascht heute wohl nur wenige, und dieses Verhalten trat auch nicht nur in den Südstaaten auf. Erinnern wir uns an den berühmten Schuss, den eine wütende weiße Frau in Boston bei einer Protestveranstaltung gegen das *Busing* abgab, dagegen, dass Schwarze Schüler und Schülerinnen nach dem Ende der Rassentrennung mit Bussen an ehemals rein weiße Schulen gebracht werden sollten. Die Aggressivität, die diese Frau an den Tag legte, löste sich ja nicht wie von Zauberhand in Luft auf, sobald die Schwarzen Kids an den weißen Schulen angekommen waren. Sie wurde für die Schwarzen Kids zum Substrat ihrer neuen Schulerfahrung, und zwar Woche für Woche. Eine solche

Form der Zurückweisung kann dazu führen, dass ein Mensch auf Distanz geht zu seinem gesamten Umfeld – was in der Konsequenz die Ansicht fördert, Schule sei nur etwas für Weiße Kids und hätte mit einer authentisch Schwarzen Erfahrungswelt nichts zu tun.

Außer Frage steht, dass Rassismus der Auslöser für all das war. Mit der Zeit aber änderten sich die Einstellungen zum Thema *Race*, und die offene Ablehnung, mit der weiße Kids den Schwarzen begegneten, wurde an den Schulen seltener. Aber das kulturelle Mem, das Schule als ›weiß‹ darstellt und das sich seit damals selbst reproduziert, hatte sich längst durchgesetzt.

An dieser Stelle stößt eine Analyse wie die von Kendi – dass die Notenprobleme Schwarzer Kids mit einem Rassismus zu tun haben, den wir einfach nur ›überwinden‹ müssen – an ihre Grenzen. Mein Eindruck ist: Leute wie er vertreten die Ansicht, dass alle kulturellen Eigenschaften direkte Reaktionen auf gegebene Umstände sind – so wie eine fett- und zuckerreiche Ernährung ihre Ursache darin haben muss, dass es schwierig ist, im jeweiligen Stadtviertel an frisches Obst und Gemüse zu kommen.

In Wirklichkeit aber bleiben kulturelle Eigenschaften auch weit über ihren ursprünglichen Stimulus hinaus bestehen und werden habituell unbewusst weitergegeben. Der ›So-tun-als-wäre-man-weiß‹-Vorwurf ist eine dieser kulturellen Eigenschaften, die ihren Auslöser überdauert hat. Schwarze Schüler und Schülerinnen erheben diesen Vorwurf sogar an finanziell sehr gut ausgestatteten Schulen, an denen nichtweiße Lehrkräfte in Bezug auf Rassismus so umfassend sensibilisiert sind, wie man das als Mensch nur irgend sein kann – im Unterschied zu den fiesen, abweisenden Lehrern, mit denen es Schwarze Kids vor Jahrzehnten zu tun hatten. Mit wissenschaftlicher Gründlichkeit durchgeführte Studien wie die des Anthropologen John Agbu (*Black American Students in an Affluent Suburb*) haben das schlüssig belegt.

Nicht wenige kommen durcheinander bei der Vorstellung, dass ein Mem seinen Auslöser überdauern kann. Die These, der ›So-tun-als-wäre-man-weiß‹-Vorwurf könnte sogar Bestand haben, wenn Rassismus als Stimulus gar nicht mehr gegeben ist, erstaunt (und verärgert) sie. Versuchen wir es mit dieser Reihe von Thesen:

A. Menschliches Verhalten kann sich stärker an Gewohnheiten als an Pragmatismus orientieren. In manchen Regionen der Welt beispielsweise hatten Blutfehden zwischen verfeindeten Bevölkerungsgruppen anfänglich ganz konkrete Anlässe. Mit der Zeit aber setzten sich die Streitigkeiten schlicht fort, und jede Generation begreift sie bis heute selbstverständlich als ›das, was wir tun und was wir sind‹.

B. Schwarze Menschen sind Menschen.

C. Auch Schwarze Menschen können Eigenschaften haben, die eher mit Gewohnheit als mit Pragmatismus zu tun haben.

Vielleicht bringt uns der Begriff des *Erbes* hier weiter, der uns als Schwarzen Menschen im üblichen Fall sehr vertraut und angenehm ist. Das Experiment von Tuskegee, bei dem Schwarze Männer, die an Syphilis erkrankt waren, nicht behandelt wurden, hat bei vielen verständlicherweise Argwohn gegenüber Krankenhäusern gesät, ein Misstrauen, das bis heute Bestand hat, obwohl das Gesundheitssystem, so mangelbehaftet es immer noch ist, längst niemanden mehr einer solchen Unmenschlichkeit unterwerfen würde. Das ›So-tun-als-wäre-man-weiß‹-Mem hat aus genau demselben Grund überlebt.

Zu behaupten, Schwarze in den USA seien aus irgendeinem Grund immun gegen kontraproduktive Meme – das war noch niemand –, klappt nicht. Warum auch sollte eine tragische Geschichte eine ganze Volksgruppe dagegen immunisieren, jemals problematische kulturelle Eigenschaften zu entwickeln? Tatsächlich wissen wir, dass Sklaverei und Rassentrennung das ›So-tun-als-wäre-man-weiß‹-Muster nicht erklären. Schließlich waren Schwarze in Amerika, wie Stuart Buck herausgearbeitet hat, im Ausgang aus der Sklaverei eindeutig bildungshungrig, in einem Ausmaß, das in Anbetracht der Bildungsscheu ihrer entfernten Nachfahren fast schon seltsam anmutet.

Sozialgeschichte ist kompliziert. Deswegen braucht ihr Studium auch Äonen. Und wenn man sie gut betreiben will, muss man mehr tun, als herauszustellen, dass Weiße schon immer Rassisten waren, und es dabei zu belassen. Mit echter Expertise in Sozialgeschichte zum Beispiel weiß man, dass ein Mem besonders hartnäckig sein kann, wenn es zusätzlich noch einem ganz anderen, zweiten Zweck dient. Teenager jeglicher Couleur suchen nach Möglichkeiten, ihre Bezugsgruppe zu definieren, eine feste Gruppenzugehörigkeit zu etablieren und auch zu rebellieren. In der Schwarzen Jugendkultur gehört hierzu die Vorstellung, Studieren sei etwas ›Weißes‹. Diese Idee wird von einer Peergroup zur nächsten weitergegeben, auch wenn es die offen rassistischen Lehrerinnen und Lehrer der 1960er und frühen 1970er Jahre schon längst nicht mehr gibt. Selbst für diejenigen, die solche Lehrkräfte nie erlebt haben, fühlt sich der Gedanke, dass das Büffeln von Schulstoff ›nichts für uns‹ ist, trotzdem gut an, denn wir alle sind Menschen mit natürlichen, tribalistischen Impulsen.

Ja, auch über weiße Kids macht man sich lustig, wenn sie Nerds sind. Aber wie die Jura-Professorin Kimberly Norwood (die selbst Schwarz ist) in ihrer Studie zum ›So-tun-als-wäre-man-weiß‹-Vorwurf festgestellt hat: Es ist ein Unterschied, ob man als Streber gilt oder gesagt bekommt, man schließe sich eigenmächtig von seiner *Race* aus. Letzteres ist schon ganz besonders verletzend.

Gehen wir noch mal einen Schritt zurück und nehmen das große Ganze in den Blick. Liegt es, wenn Schwarze Kids Schule oft für weiß halten, nicht doch daran, dass Weiße sie nicht mögen beziehungsweise dass das System sich bis heute irgendwie dagegen sträubt, Schwarzen Kids etwas beizubringen? Nein. Diese Analyse ergibt keinen Sinn. Punkt. Nur eine rücksichts- und gefühllose Loyalität, die stille Weigerung, sich mit denjenigen, über die wir sprechen, aktiv auseinanderzusetzen, würde darauf bestehen, dass Rassismus der Grund dafür ist, warum ein Schwarzer Junge Jahrzehnte nach 1966 einem Schwarzen Streber Probleme macht, weil er eifrig lernt. Der ursprüngliche Auslöser für dieses Problem war Rassismus, keine Frage, aber die Lösung heute kann nicht sein, mit einem Zauberstab zu wedeln und ›den Rassismus zu überwinden‹, denn die Lehrer und Lehrerinnen, die sich drei Generationen zuvor Schwarzen Jugendlichen gegenüber rassistisch verhalten haben, sind heute mehrheitlich tot.

Aber die Erwählte Analyse muss eben Rassismus sehen. Aus dieser Ecke kommt dann auch Ibram X. Kendis ›Idee‹, unser gesamtes Bewertungssystem für schulische Leistungen über den Haufen zu werfen. Stattdessen sollten wir so tun, als unterstützten wir den Ansatz, alle Schwarzen Kids wegen ihrer grundsätzlichen Wissbegierde als schlau zu werten. Wenn man diesen Vorschlag dann als antirassistisch bezeichnet, hat er auf den ersten Blick auch eine gewisse Herzenswärme. Und doch lässt er Schwarze Kinder und Jugendliche schlichtweg im Regen stehen. Diese Vision von Antirassismus bringt sicher keinen neuen George Washington Carver hervor, der seine Erdnuss-Wunder eher nicht von reiner Neugierde getrieben oder als eine irgendwie geartete alternative Street-Wissenschaft vollbrachte. Carver arbeitete im Rahmen des euro-amerikanischen Paradigmas. View-Master, der flotte kleine Dia-Betrachter, der zum Inventar unserer Nachkriegserinnerungen gehört, wurde von einem Schwarzen namens Charles Harrison entworfen. Er bediente sich derselben Fähig- und Fertigkeiten wie alle Designer seiner Zeit. Schwarze Spontaneität, Kontaktfreudigkeit und das, was Kendi salopp als »Wissbegierde« bezeichnet, wären ihm keine allzu große Hilfe gewesen.

Erwählt zu sein bedeutet, darauf zu beharren, dass ungleiche Ergebnisse gleichbedeutend sind mit ungleichen Chancen. Das ist falsch. Indem sie uns blind macht für die tatsächliche Funktionsweise einer Gesellschaft, lenkt diese Fehleinschätzung unsere Bemühungen um Veränderung in die falsche Richtung. Wenn wir an diesem Mantra festhalten, verdummen wir.

Die Erwählten und das, was besorgten Schwarzen Menschen wichtig sein sollte, Beweisstück B: »Die Sklaverei wird totgeschwiegen«

Stellen Sie sich das vor: Eine Wanderausstellung mit Ausstellungsstücken vom Sklavenschiff *Henrietta Marie* bricht in zwanzig Städten alle Besucherrekorde. Die Zeitschrift *Scientific American* hat in jeder ihrer Ausgaben eine Seite mit einem Textausschnitt aus einer früheren Ausgabe. Meistens geht es in diesen Zitaten naturgemäß um das Thema Wissenschaft, aber an einer Stelle wird ein Satz aus der Ausgabe vom März 1851 zitiert: »Die Bevölkerung der Vereinigten Staaten beläuft sich auf 20067720 freie Personen und 2077034 Sklaven.« Die Zeitschrift übertitelt dieses Zitat mit der Überschrift »Offene Wunde«. Der weiße Vertreter des Bundesstaats Washington im Repräsentantenhaus setzt sich dafür ein, dass ein Highway in Seattle nicht länger nach dem Konföderierten-Präsidenten Jefferson Davis heißt, sondern nach einem Schwarzen Veteranen des Sezessionskriegs umbenannt werden soll. In Cincinnati weisen Hobbyhistoriker – und zwar weiße – auf historische Fehler und Verzerrungen in einem geplanten Museum zur Geschichte der Sklaverei hin.

2020 brachte all diese Veränderungen mit sich, richtig? Aber das, was ich gerade aufgezählt habe, ist schon 2001 und 2002 passiert.

Und obwohl wir seit 2002 für jedes Jahr massenhaft Veranstaltungen und Ereignisse wie die oben genannten auflisten könnten – und für die Jahre davor auch noch mindestens zwanzig –, müssen wir andauernd darauf hinweisen, dass die Sklaverei in Amerika weiterhin geleugnet wird. Aber es gab den Erfolg von *Roots*, erst als Buch und dann 1976 als TV-Miniserie, mit durchschlagender Wirkung; es gab breit diskutierte Filme wie *Amistad*, *12 Years a Slave* und *Django Unchained*; dicke historische Wälzer, die in den Medien ausführlich besprochen wurden, zum Beispiel *The Slave Trade* von Hugh Thomas, die wunderbare Ausstellung der New Yorker Historical Society zur Sklaverei im Jahr 2005 – man könnte ewig so weitermachen.

Ta-Nehisi Coates drängt darauf, »das Hotdog-Verschlingen am 4. Juli sein zu lassen, solange die Tatsachen unserer Geschichte nicht anerkannt werden«. Das klingt nach einem frisch geschiedenen Mann, der es nicht aushält mitzubekommen, dass seine Ex eine gute Zeit hat. Wer das heutige Amerika dafür an den Pranger stellt, sich der Zeit der Sklaverei nicht ausreichend bewusst zu sein, dem geht es eher um Selbstgefälligkeit und um den hehren Status des Opfer-Seins als darum, etwas Neues und Notwendiges zu bewirken.

Die Frage wäre also: Gibt es überhaupt einen Grad, bis zu dem das amerikanische Bewusstsein gesättigt sein müsste mit Sklaverei, damit die Erwählten zufrieden wären und einräumen würden, dass der Kampf gewonnen ist?

Darauf zu hoffen, dass alle Bürgerinnen und Bürger der USA – die weiße Durchschnittsbürgerin in South Dakota genauso wie der indisch-amerikanische Silicon-Valley-Gründer, die aus Korea eingewanderte Großmutter, der in den USA geborene lateinamerikanische Hospizleiter, die Tochter bosnischer Einwanderer, die gerade ihr Sozialarbeitsstudium absolviert, die republikanische Gemeinderätin in Texas und der Polizeipräsident mit Cherokee-Hintergrund – beim Gedanken an Plantagen zusammenzucken, während sie am Unabhängigkeitstag in ihr Würstchen beißen, ist völlig sinnlos. Sinnlos, weil das so nie passieren wird, und sinnlos, weil es auch gar nicht passieren muss.

Ich garantiere, dass das Schwarze Amerika derart sensibilisierte Landsleute psychologisch nicht nötig hat. Eine statistische Erhebung würde das sofort zeigen, aber auch die schlichte Befragung von wenigen Schwarzen Menschen, die keine Erwählten sind, würde zu diesem Ergebnis kommen. Genauso kann ich garantieren, dass sich tiefgreifender gesellschaftlicher Wandel vollziehen kann, ohne dass die gesamte Bevölkerung Nachwuchsgelehrte in Sachen rassistischer Ungerechtigkeit sein muss. Ein solcher Wandel vollzieht sich weltweit seit mehreren Jahrhunderten.

Die Ideologie der Erwählten jedoch fordert, das, was ich da gerade geschrieben habe, als Blasphemie zu bewerten und pausenlos zu behaupten, dass die Sklaverei in Amerika ein großes Geheimnis ist. Jedes Jahr aufs Neue verkünden Erwählte Menschen, dass George Washington oder Thomas Jefferson Sklaven hatten, und immer schwingt mit, dass das eine große Neuigkeit ist, weil ja sonst niemand darüber reden will. Sie verkünden das jeweils in Medien, die seit Unzeiten eifrig Leuten wie ihnen Raum dafür geben, ihre und die Erkenntnisse ihrer Gleichgesinnten kundzutun. Man beachte: Es ist schon lange kein Geheimnis mehr, dass die Gründungsväter der USA Sklavenhalter waren – aber das werden Erwählte Menschen niemals zugeben. Dieser Punkt ist für ihren religiösen Glauben so zentral, dass er ein solches Eingeständnis nicht zulässt.

Erwählt zu sein bedeutet, darauf zu bestehen, dass Amerika die Sklaverei totschweigt. Was nicht der Wahrheit entspricht. Und was gute Köpfe ewig und drei Tage davon abhält, endlich echte, aktuelle Probleme anzugehen.

Die Erwählten und das, was besorgten Schwarzen Menschen wichtig sein sollte, Beweisstück C: »Historische Figuren, die beim Thema *Race* nicht *woke* waren, müssen gecancelt werden«

Wenn eine historische Figur Sklaven hatte (George Washington), im Sklavenhandel tätig war (John Locke) oder kein gesteigertes Interesse daran zeigte, die Sklaverei abzuschaffen, obwohl sie sich dafür hätte einsetzen können (Alexander Hamilton ist deswegen unter Beschuss geraten), dann müssen wir uns, finden die Erwählten, vor allem in diesen Punkten an sie erinnern. Sie in Erinnerung zu rufen heißt, sie zu verurteilen. Nur als Gegenstände im Anschauungsunterricht, wie man nicht sein soll, haben sie für uns einen Zweck. Ihre anderen Lebensleistungen sollten lediglich als Fußnoten behandelt werden, die nur für die Geschichtswissenschaft von Interesse sind. Es ist Rückständigkeit beim

Thema *Race*, die vor allem anderen in unserem Gedächtnis haften bleiben soll.

Offen gesagt: Das ist vollkommen unverständlich. Ich werde nicht ›dumm‹ schreiben, denn das würde bedeuten, dass Menschen, die derart argumentieren, die Einsicht fehlt, um den mangelnden Sinngehalt darin zu erkennen. Tief in ihrem Inneren aber müssten es doch eigentlich alle wissen.

Es fällt sehr schwer, über den Tellerrand dessen zu sehen, was in unserer Zeit als normal gilt. Jemand, der damit aufgewachsen ist, dass Schwarze Menschen nicht viel mehr sind als unbezahltes Hauspersonal, kann nicht anders, als das für normal zu halten. Diese Person argumentiert mit nur verschwindend geringer Wahrscheinlichkeit dagegen an und, ja, hält Schwarze Menschen wahrscheinlich von Natur aus für minderwertig. Weil es ihrer Rhetorik und ihrer Leidenschaft zuträglich ist, bringen uns die Erwählten bei, uns in dieser Frage absichtlich einer gewissen Abgestumpftheit gegenüber einfacher Logik zu befleißigen. Will sagen, ihre Argumente sind der Nachvollziehbarkeit nicht mehr zugänglich, und das wiederum ist: religiös.

Entsprechend sollen wir nicht feiern, dass Amerika es geschafft hat, die breit akzeptierte Sklaverei hinter sich zu lassen. Wir sollen vielmehr in der Zeit weit zurückgehen und Menschen abwatschen, die diesen Schritt noch nicht gegangen waren, um damit zu demonstrieren, was für gute Leute wir heute sind. Die Erwählten fordern von uns, dass wir so tun, als ob diese Figuren aus der Vergangenheit noch mitten unter uns sind, als ob keine Zeit vergangen wäre. Im besten Fall ist das höhere Quantenphysik zum Raum-Zeit-Kontinuum. Im schlechtesten ist es vorsätzliche Dummigkeit. (Das Wort habe ich mir ausgedacht. Es soll darin mitschwingen, wie unfassbar albern dieser Umgang mit Geschichte ist.)

Ganz sicher brauchen wir keine Statuen von Menschen, deren größter Beitrag zur Geschichte es war, die Sklaverei gesetzlich zu verankern. Auf Wiedersehen, öffentliche Denkmäler von Robert E. Lee! Und es gibt natürlich Graubereiche. Woodrow Wilson war rassistischer als die meisten Menschen zu seiner Zeit, an seinem Ort und von seinem Bildungsstand, weswegen viele es begrüßen, wenn sein Name von Gebäuden entfernt wird. Es mag einige überraschen, aber auch ich gehöre dazu. Manche allerdings finden, wir sollten Wilsons Bilanz als progressiver, sich leidenschaftlich für den Weltfrieden einsetzender Politiker in Ehren halten, und ich kann nicht behaupten, dass sie damit falschliegen. Die Erwählten aber erzittern beim Gedanken an Wilson und seinen Rassismus und können in einem Gespräch, in dem es um ihn, sein Leben und sein Erbe geht und das diesen Punkt nicht herausstellt, nichts als Ketzerei erkennen. So, als habe Wilson erst letzte Woche rechtsextreme Twitter-Nachrichten retweetet.

Aber Statuen von George Washington beschmieren und entstellen? Sicher, wir dürfen ruhig wissen, dass ein Mensch wie er nach heutigen Standards keine blütenreine Weste hätte. Aber die Forderung, dass wir aufgrund dieses Wissens über Menschen wie ihn nur noch als Rassisten sprechen dürfen und dass wir jede ausführlichere Auseinandersetzung mit ihnen, die nicht ihren Rassismus zum Thema hat, für (überlegen Sie mal!) gottlos halten sollen, ist so unnötig wie gedankenlos.

In Zukunft wird die Mehrheit der US-Amerikanerinnen und -Amerikaner es möglicherweise für unethisch halten, pro Abtreibung zu sein. Vielleicht werden dann auch einflussreiche Intellektuelle einen Zellhaufen, der chemisch gesehen drauf und dran ist, ein Homo sapiens zu werden, als ›Person‹ feiern, vielleicht wird diese Haltung innerhalb der Intelligenzia so angesagt sein wie heute der Erwähltismus. Wie finden wir die Vorstellung, dass man sich im Jahr 2100 dafür einsetzt, die Errungenschaften der Menschen im Jahr 2020 in der Pädagogik negativ darzustellen, weil damals keine Mehrheit gegen Abtreibung war?

Und warum rügen die heutigen Erwählten Barack Obama nicht dafür, dass er die Homo-Ehe erst nach einem mehrjährigen »Entwicklungsprozess« befürwortete? Stellen wir fest: Wir sollen nur dann so tun, als verstünden wir den Zusammenhang zwischen Geschichte und ihren äußeren Umständen nicht, wenn die Figuren, um die es geht, weiß sind. Wer glaubt denn nur im Ansatz, dass dieser Junge aus Hawaii, der viel Gras geraucht, laut eigenem Bekunden auch mal gekokst hat und in den 1980er Jahren in Ivy-League-Kreisen und darüber hinaus unterwegs war, ein größeres Problem damit gehabt haben soll, dass homosexuelle Menschen heiraten? Obama und ich sind fast gleich alt, und ich habe Mitte der 1980er Jahre in New York gelebt. Man lasse die Würfel noch einmal fallen, und es hätte gut passieren können, dass wir uns als Mittzwanziger irgendwo auf der Upper West Side zusammen bekifft hätten, und ich kann Ihnen so gut wie sicher garantieren, dass die Person, die er damals war, kein Problem damit gehabt hätte, dass Schwule und Lesben heiraten.

Als Obama den Wählern und Wählerinnen sagte, ebendieses Problem gehabt zu haben, war das eine kluge, feinfühlige politische Finte. Die Erwählten vergeben sie Obama und gestehen ihm eine Entwicklung zu, die andere Figuren niemals rehabilitieren würde – George Washington zum Beispiel, der seine Sklaven ja auch in die Freiheit entließ. Offensichtlich war Obamas (angebliche) Homophobie in Ordnung, weil bei ihm schließlich die ›Intersektionalität‹ greift – will sagen: Mit seiner braunen Haut stand er sowieso schon unter der Knute der weißen Hegemonie, weswegen es okay ist, wenn er homophob war … Sehen Sie? Das alles ist nicht logisch.

Folgendes könnte ein Mem sein: Stellen Sie sich einen Schwarzen Jungen aus einem Problembezirk vor, der eine Statue von Abraham Lincoln sieht. Ihm ist beigebracht worden, dass Lincoln eine Zeit lang Schwarze Menschen nach ihrer Befreiung nach Afrika umsiedeln wollte und dass er sie auch nicht als gleichberechtigt mit den Weißen betrachtete. Der Junge empfindet die von der Statue ausgehende Abwertung seiner Leute und seiner selbst stark, bekommt einen Wutanfall und bespritzt das Denkmal zornig mit Farbe. Diese schablonenhafte Darstellung könnte mehr oder weniger direkt aus Randall Robinsons Wiedergutmachungsbuch *The Debt* entnommen sein.

So ergreifend wir dieses Szenario finden mögen, so symbolisch es auch immer für die psychologischen Effekte der tragischen Geschichte unserer Vorfahren stehen mag: Fast niemand von uns wird der Ansicht sein, dass dieser Junge logisch oder vernünftig handelt. So gut wie alle von uns wissen, dass Lincoln es trotz seiner Unvollkommenheiten alles in allem verdient hat, für sein Vermächtnis gefeiert zu werden. Den Jungen sehen wir als jemanden, der – wenn auch verständlich – seinen Kopf verliert. Wir bedauern ihn. Wir haben Mitleid mit ihm. Wir wollen ihn zurückhalten und ihn beruhigen: Lincoln hat doch die Sklaven befreit und damit etwas getan, was kein Präsident vor ihm auch nur in Erwägung gezogen hatte und das eine ganze Reihe von Präsidenten nach ihm wahrscheinlich auch nicht in Erwägung gezogen hätte, hätte die Sklaverei dann noch Bestand gehabt. (Man versuche, sich eine Emanzipationsproklamation von Grover Cleveland vorzustellen!) Wir würden diesem Jungen keinen Buchvertrag geben.

Wir müssten diejenigen, die heutzutage praktisch alle Menschen, die schon vor langer Zeit gestorben sind, als moralisch pervertiert und nach aktuellen Standards als rassistisch brandmarken, wie diesen Jungen behandeln. Das Gleiche würde auch für einen weißen Jungen gelten, der dieselbe Statue aus blindwütiger Überidentifikation mit Schwarzen Menschen heraus anspringt.

Erwählt zu sein bedeutet: Niemals von dem Standpunkt abweichen, dass Menschen, die in der Vergangenheit gelebt haben, genauso gut auch heute leben könnten, weswegen man die gleichen Maßstäbe an sie anlegen darf wie an alle Zeitgenossinnen und -genossen, auch wenn Letztere in einem Kontext existieren, der den früher Lebenden unbekannt war. Viele Kinder würden instinktiv begreifen: Das ist falsch. Und allen, die jetzt einwenden, Erwachsene wüssten eben mehr als Kinder, schlage ich vor zu versuchen, einem Fünftklässler zu erklären, warum man das Lincoln Memorial abreißen sollte.

Mal davon abgesehen, dass wirklich niemand Lust darauf hätte, sich da durchwurschteln zu müssen, wissen wir auch, dass diese Hexenjagden auf längst Verstorbene davon ablenken, wirklich etwas zu bewirken für die Menschen, die hier in der Gegenwart Hilfe brauchen.

Will man diese Religion wirklich anerkennen?

Sie müssen begreifen: Sie können nicht als Erwählte leben und sich gleichzeitig bewusst von allem distanzieren, was ich im vorigen Absatz geschildert habe. Wir stehen hier nicht vor einem Selbstbedienungsbüfett; die Erwählten sind ein Menü mit festen Gängen und festen Preisen. Versuchen Sie mal, selektiv zu agieren, um sich einen Rest Rationalität zu bewahren, und tun Sie das, während sie im Internet als weißer Suprematist angegangen werden. Sie werden schnell frustriert sein ob des Kraftaufwands. Wer Grütze will, muss auch Soße nehmen. Sie befinden sich in Russland, und zwar in Stalins Zeiten. Sie haben das Evangelium von KenDiAngelo nicht mehr infrage zu stellen als die Paulusbriefe im Neuen Testament. Den Erwählten geht es nicht um die Diversität des Denkens. Es geht ihnen darum, Meinungsvielfalt beim Thema *Race* auszurotten, denn nichts anderes ist ihr Daseinszweck.

Sind Sie bereit, dafür zerrissen zu werden, dass Sie den gesunden Menschenverstand, die Vernunft und die echte Gleichbehandlung unter Menschen hochhalten, obwohl Ihnen gesagt wird, das sei unangemessen, wenn es um Schwarze Menschen geht, weil nicht wirklich ›antirassistisch‹?

Der Schaden, den die Erwählten bei Schwarzen Menschen anrichten, ist so vielgestaltig und weitreichend, dass alle, die sich zu dieser Religion bekennen und sie als antirassistisch bezeichnen, in gewisser Weise Schuld auf sich laden.

5 / Nach der ›Dekonstruktion der Strukturen‹: Wie das Schwarze Amerika wirklich zu retten ist

Ich habe mich jetzt vier Kapitel lang darüber ausgelassen, was wir tun müssten, wenn es nach den Erwählten ginge. Mit vollem Recht wollen Sie jetzt wissen, wie man es meiner Meinung nach denn anders machen könnte.

Das möchte ich Ihnen in diesem kurzen Kapitel sagen. Und im letzten Kapitel werde ich erklären, wie wir darauf hinarbeiten können – trotz der ganzen Erwählten unter uns, die ihre charismatische, selbstbezügliche, gesellschaftspolitisch nutzlose und im Grunde rassistische Alternativpolitik verfolgen.

Dass wir in den USA nichts weiter tun müssten, als unseren Rassismus ›zu überwinden‹, entspricht als Idee von politischem Fortschritt der Vorstellungswelt eines zehnjährigen Kindes. Rassismus heißt ja nicht nur: Vorurteile. Sondern auch: gesellschaftliche Ungerechtigkeit. Rassismus hat sowohl mit früheren als auch mit heutigen Einstellungen und Programmatiken zu tun. Rassismus ist veränderlich, zeitlos und auf vielen verschiedenen Ebenen wirksam – und muss stets so weit wie möglich unterbunden werden. Aber ihn einfach loszuwerden ist schlicht unmöglich. Wichtiger noch: Das ist auch gar nicht notwendig.

Was das Schwarze Amerika im 21. Jahrhundert plagt, ließe sich über drei konkrete Maßnahmen, die politische Machbarkeit mit großer Effektivität verbinden, sehr gut angehen: Es sollte kein Krieg gegen Drogen geführt werden. Die Gesellschaft sollte sich dafür einsetzen, allen das Lesen richtig beizubringen. Und: Eine solide Berufsausbildung zu bekommen sollte so einfach sein, wie ans College zu gehen.

Kernelement 1: Den Krieg gegen Drogen beenden

Als Allererstes sollte es keinen Krieg gegen Drogen geben. Für diejenigen, die sie haben wollen, sollten sogar mehr harte Drogen im Umlauf sein, Heroin zum Beispiel, aber reguliert. Weil solche Drogen illegal sind, gibt es einen blühenden Schwarzmarkt für sie. Unterversorgte Schwarze Männer driften oft in diesen Schwarzmarkt ab, was eine nachvollziehbare Entscheidung ist, wenn sie vom Schulsystem im Stich gelassen werden und zu wenig darüber wissen, wie man sich ein Leben in einer anderen Welt als der ihnen schon bekannten aufbauen könnte – in einer Welt, zu der sie keine persönlichen Kontakte haben.

Drogen zu verkaufen macht nur wenige reich, aber man kann damit über die Runden kommen. Außerdem arbeitet man mit Leuten zusammen, die man kennt und die aus der Welt stammen, in der man sich zu Hause fühlt. Ich bin mir relativ sicher, dass ich, wenn ich aufgewachsen wäre wie diese Männer, auch lieber Drogen an der Straßenecke verticken würde, statt mich anzustrengen, um durchs College zu kommen, mir danach einen Anzug anzuziehen und einen Job unter Weißen zu suchen, die ich bislang als distanzierte, mir misstrauisch begegnende Fremde wahrgenommen habe.

Aber ich bin mir dessen auch deshalb so sicher, weil ich daran glaube, dass Schwarze Menschen stark sind: Gäbe es den Schwarzmarkt für harte Drogen nicht, würden sich dieselben Männer legale Jobs besorgen.

Und jede legale Arbeit wäre besser als der Verkauf von Drogen, der vor allem die kleinen Dealer einem hohen Risiko aussetzt, entweder umgebracht zu werden oder zumindest für lange Zeit ins Gefängnis zu kommen. Was wiederum später die Schwierigkeiten, einen Arbeitsplatz zu finden, noch größer macht und Kinder häufig ohne ihren Vater aufwachsen lässt. Nur ein kleiner Teil der Gefängnisinsassen in den USA sitzt direkt wegen Drogenhandels ein. Aber sehr viele sind wegen Diebstählen oder Morden im Gefängnis, die mit dem Drogenhandel in Zusammenhang stehen, zum Beispiel, weil es Revierkämpfe gab zwischen Gangs, die vom Dealen leben.

Inzwischen ist man einhellig der Meinung, dass der Krieg gegen Drogen in keinem einzigen Punkt erfolgreich war. Würde er beendet, entstünde eine Schwarze Community, in der sogar Männer mit ungünstigen Startbedingungen ziemlich sicher eine legale Arbeit finden und Gefängnisaufenthalte seltener würden, was das vaterlose Aufwachsen eher zur Ausnahme als zur Regel machen würde. Antirassistische Arbeit sollte sich stark darauf konzentrieren, den Krieg gegen Drogen zu beenden. Dass Heerscharen von Weißen darüber belehrt werden, wie privilegiert sie sind, ist zu diesem Zweck nicht notwendig.

Kernelement 2: Richtig lesen lehren

Es gibt zwei Wege, einem Kind das Lesen beizubringen. Der eine führt über die Phonetik. Hierbei sollen die Kinder die Buchstaben laut aussprechen, schwierig oder unregelmäßig geschriebene Wörter werden gesondert herausgestellt. Die andere Methode ist die Ganzwortmethode. Die Kinder lernen, die Wörter als Ganzes zu sehen und ausgehend von ihrem ersten Buchstaben und ihrem Kontext zu erraten, wie sie ausgesprochen werden. Die Idee dahinter: Die englische Rechtschreibung ist viel zu unregelmäßig, als dass es sich lohnen würde, Kindern das Aussprechen einzelner Buchstaben beizubringen.

Seit den 1960er Jahren gilt es als belegt, dass die Phonetik die bessere Methode ist, um Kindern aus sozial schwachen Familien das Lesen beizubringen. Mittelschichtskinder aus Haushalten mit Bücherregalen an der Wand schaffen es deutlich häufiger, sich über die Ganzwortmethode ins Lesenlernen hineinzuraten. Eltern solcher Kinder beschreiben das so, als ob bei ihnen einfach ein Licht anginge. Dieses Licht allerdings geht bei Kindern aus Familien, in denen es nicht so viele Bücher gibt und wo Sprache hauptsächlich etwas Gesprochenes ist, nicht so oft an. Solchen Kindern muss man das Lesen, tja, schlicht beibringen.

Trotzdem gibt es überall in den Vereinigten Staaten Schulbezirke, wo den Kindern das Lesen entweder über die Ganzwort- oder eine Hybridmethode beigebracht wird, obwohl Studien, ich kann mich nur wiederholen, belegt haben, dass es nur über die Phonetik gut funktioniert. Immer und immer wieder verbessern sich in Bezirken, die zur Phonetik wechseln, die Testergebnisse Schwarzer Kinder ganz wesentlich, aber auf nationaler Ebene scheint das nicht anzukommen. Was angehenden Lehrern und Lehrerinnen über Lesepädagogik beigebracht wird (falls sie überhaupt etwas zu diesem Thema beigebracht bekommen), scheint unabhängig zu sein vom aktuellen Stand der Lesewissenschaft. Zur Vertiefung empfehle ich Mark Seidenbergs *Language at the Speed of Sight*.

Das alles mag einem wie ein Insider-Thema vorkommen, aber wenn man die *Race*-Problematik in Amerika in den Griff bekommen will, ist es von entscheidender Bedeutung. Generationen überproportional armer Schwarzer Kinder und Jugendlicher sind durch unzureichenden Leseunterricht ins Abseits gedrängt worden. Wenn Lesen Anstrengung bedeutet, wird auch das Erlernen von Mathe oder allem anderen, was Lektüre erfordert, blockiert, und von da aus geht es sehr schnell, Schule insgesamt öde und unwichtig zu finden. Die Konsequenzen für den weiteren Lebensweg sind klar.

Vermutlich haben viele Angehörige der Mittelschicht noch nie erlebt, wie ein neun- oder zehnjähriges, kognitiv normal entwickeltes Kind auf eine Buchseite oder ein Schild schaut und mit dem angestrengten Eifer eines zwei bis drei Jahre jüngeren Kindes liest: Die Lippen bewegen sich, das Kind sagt ständig erst »Da steht: …« und hat den Sprung zum leisen Lesen, bei dem die Wörter sofort verarbeitete Bedeutungseinheiten sind, noch nicht geschafft. Noch weniger haben vermutlich je die Erfahrung gemacht, einen kognitiv normal entwickelten Menschen von 25 Jahren und älter auf diese Weise lesen zu sehen, gehandicapt von schlechtem Leseunterricht in einer Kindheit, in der es im eigenen Umfeld kaum Freizeitleserinnen oder Freizeitleser gab und pädagogische Defizite somit auch durch kulturelle Prägung nicht ausgeglichen werden konnten.

Das sollte so nicht die Norm sein, und Antirassismus sollte unter anderem den Fokus ganz besonders darauf richten, die Schulbehörden im Land dazu zu bewegen, die Phonetik oder, wie es in der Fachsprache heißt, die ›direkte Anleitung‹ einzuführen.

Kernelement 3: Die Vorstellung ad acta legen, dass alle auf eine Hochschule gehen müssen

Wir sollten die Vorstellung korrigieren, dass erst dann vollwertiger Bürger, vollwertige Bürgerin ist, wer vier Jahre aufs College gegangen ist. Klassische Arbeiterjobs müssen wieder stärker wertgeschätzt werden. Für viele ärmere Menschen (genauso wie für viele aus der Mittel- und Oberschicht) sind die vier Jahre auf dem College ein schwieriges, kostspieliges und unattraktives Unterfangen. Trotzdem fischt die Linke mit ihrem Ruf nach niedrigeren Zugangshürden und geringerem Kostenaufwand fürs College ständig nach Zustimmung. Dahinter steht offenbar die Idee, dass alle, die keinen College-Abschluss haben, in der Chancenlosigkeit feststecken.

Man kann aber auch nach der Ausbildung an einer Berufsschule ohne Weiteres seinen Lebensunterhalt als Elektriker, Installateurin, Kfz-Mechaniker, Kabelfernsehtechnikerin oder Krankenhaustechniker verdienen. Wir müssen durchsetzen, dass eine berufsbildende Schule – und damit meine ich eben nicht das College – in den USA zu einer gern angenommenen Option für Menschen wird, die die Umstände, in denen sie aufgewachsen sind, hinter sich lassen wollen.

Wenn Sie das nächste Mal einen Mechaniker oder Installateur, eine Kabellegerin oder Ultraschalltechnikerin im Haus haben, fragen Sie sich doch mal, ob dieser Mensch den Eindruck macht, als seien ihm in seinem Leben viele Möglichkeiten verwehrt worden. Fristen solche Leute tatsächlich eine entbehrungsreiche Existenz, obwohl sie doch nebenbei von ihrem Otto-Normalverbraucher-Dasein mit Ehegatten und ihren Kindern erzählen, denen sie häufig ein Studium am College ermöglichen können?

Das soll alles sein?

Zwei Einwände, die wahrscheinlich kommen werden:

1: Warum nur so wenige Kernelemente?

Manche werden meine Liste ein wenig kurz finden. Rassismus ist doch ein großes Problem. Das Schwarze Amerika hat viele Probleme. Bräuchte ein politisches Programm, das seines Namens würdig ist, nicht gut zehn oder elf Kernelemente?

Nein, eigentlich nicht. Was ein Programm pragmatisch macht, ist seine Umsetzbarkeit.

Eine Liste von zehn plus unterschiedlichen Ideen ist eher eine Präsentation als ein Aktionsplan, im Sinne von: ein Plan, von dem wir uns vorstellen können, dass er durch den Kongress gebracht oder von einer kritischen Anzahl der 50 Bundesstaaten unterstützt werden könnte. Angesichts des Ausmaßes, das diese Tragödie hat, mag es angemessen erscheinen, eine ganze Flottille von Reformvorschlägen auf den Tisch zu legen, hübsch ergänzt mit professionell daherkommenden Grafiken – als ob nur das genügend ernsthaft sei, um den Missständen und Erblasten zu begegnen.

Aber so, wie das Leben in einer breit gefächerten, hochdiversifizierten und politisch polarisierten Nation funktioniert, ist es utopisch, darauf zu beharren, dass Veränderung für das Schwarze Amerika nur dann passieren kann, wenn wir eine Neuauflage von Lyndon B. Johnsons *Great Society*-Programm samt seiner großartigen Jetzt-kommt-Farbe-an-die-Wand-Anordnung hinbekommen. Utopismus belohnt sich doch nur selbst.

Eine lange Liste an Forderungen zusammenzustellen, auf der jede Forderung in vier, fünf Unterpunkte untergliedert ist, hat als kämpferische Pose einen hellstrahlenden Moment lang sicher seinen Reiz, wird aber von der unerbittlichen Realität doch in kürzester Frist eingeholt werden. Dürfen wir denn nicht träumen? Natürlich dürfen wir das – aber nur von Dingen, die auch wirklich eintreten können.

Dem Utopismus mangelt es an Differenziertheit. Er ist das Spielfeld von Performern und nicht derjenigen, die für die Leute da draußen tatsächlich etwas bewirken wollen.

Mein Pragmatismus rührt nicht daher, dass ich ein eingefleischter Konservativer wäre, sondern ergibt sich aus den Lektionen, die die Geschichte uns gelehrt hat. Sehr viele um die Schwarze Community besorgte Menschen haben schon marshallplanartige Listen mit Vorschlägen unterbreitet, deren Schicksal aber stets osymandisch ist.

Auch die Black-Lives-Matter-Bewegung hat in den 2010er Jahren einen dieser langen Forderungskataloge zusammengestellt, der bislang aber noch keine Veränderungen im Leben Schwarzer Menschen bewirkt hat.

Einen ganz ähnlichen Ansatz verfolgte der Kommentator Tavis Smiley in den 1990er und 2000er Jahren mit diversen Büchern, Reden und Diskussionsrunden, aber trotz seines aufrichtigen Engagements haben seine Forderungen nie Anklang gefunden bei Menschen in Machtpositionen und darum auch keinen Wandel in den Black Communitys bewirkt.

Gehen wir noch ein paar Schritte weiter zurück in die Vergangenheit. Mit den sozialpolitischen Reformen der *Great Society* wurden unter Lyndon B. Johnson breit gefächerte Programme aufgesetzt, die konkret auf arme Schwarze Communitys zugeschnitten waren. Allgemein herrscht Einigkeit darüber, dass sogar das kaum nachhaltige Effekte hatte. Es gibt immer welche, die behaupten, es sei nicht genug getan worden. Nach meiner Erfahrung aber können diese Leute einem nie sagen, was oder wie viel mehr warum tatsächlich eine positivere Wirkung erzielt hätte. Offen gestanden: Meist wissen diejenigen gar nicht, wie viele Angebote die Schwarzen Communitys damals tatsächlich (finanziert) bekommen haben. Ist ja auch lange her.

Für die Probleme des Schwarzen Amerika brauchen wir einen zielgenaueren Lösungsansatz. Wir müssen uns auf Veränderungen konzentrieren, die (1) eine reelle Chance haben, in Gesetze gegossen und finanziert zu werden, (2) weitere Vorteile mit sich bringen – würde zum Beispiel der Krieg gegen Drogen beendet, würde es für mehr arme junge Schwarze Männer attraktiv werden, eine Berufsausbildung zu beginnen, und davon würden sie dann in ihrem Umfeld erzählen etc. pp. – und die (3) zahlenmäßig überschaubar sind, indem sie einen einzigen, in sich kohärenten und griffigen Ansatz formulieren und keine diffuse Buchstabensuppe.

2: Was ist mit der Polizei?

Auffällig ist, dass die Polizei nicht auf meiner Liste mit Reformvorschlägen steht.

Ich spreche mich zwar mit Nachdruck für Polizeireformen aus, halte es aber für unwahrscheinlich, dass sich irgendetwas unternehmen lässt, um Polizistinnen und Polizisten davon abzuhalten, in angespannten oder gar riskanten Situationen ihre Waffe zu benutzen, manchmal eben mit Todesfolge. Das weiß ich unter anderem deswegen, weil Polizisten auch direkt nach dem Mord an George Floyd sowie im gesamten restlichen Jahr 2020, obwohl aller Augen auf sie gerichtet waren, noch Menschen getötet oder verkrüppelt haben und weil das kaum Konsequenzen für sie hatte. Über die Schwarzen Jacob Blake und Daniel Prude wurde in den Medien am meisten berichtet, weil allgemein davon ausgegangen wurde, dass die Polizei so etwas ausschließlich mit Schwarzen Menschen macht. Die traurige dahinterliegende Wahrheit aber ist, dass sie es ständig so macht, mit allen möglichen Menschen. Um mich darüber länger auszulassen, ist hier jedoch nicht der Ort. Entscheidend ist, dass es ewige Zeiten dauern wird, um die Polizeikräfte zu ändern, und dass es mit der Veränderung der Lebensumstände Schwarzer Menschen schneller gehen sollte.

Ohne den Krieg gegen Drogen wird es auf jeden Fall seltener zu Begegnungen zwischen Schwarzen Männern und der Polizei kommen. Keine Polizistinnen und Polizisten werden mehr in arme Stadtviertel geschickt werden, um Drogendealer oder -kuriere aufzuspüren und Drogenringe hochgehen zu lassen. Es werden auch keine Beamten mehr dafür abgestellt werden, an der Straße zu stehen und Leute wegen Drogenbesitzes anzuhalten. Ein gebildeterer Mensch, der einen festen Job hat und von zwei Elternteilen aufgezogen wurde, die ihm wiederum ihre ganze Aufmerksamkeit widmen konnten, läuft darüber hinaus deutlich weniger häufig Gefahr, unschöne Begegnungen mit der Polizei zu haben.

Erwählte Ideologie wird mit großem Charisma vorgebracht. Im aktuellen gesellschaftlichen Klima kann es wahnsinnig schwierig sein, deren augenscheinliche Weisheit als tatsächlich vergiftet wahrzunehmen. Wir sollten aber wiederholt darauf hinweisen, dass die Philosophie der Erwählten zweierlei ist: performativ und rassistisch.

Denn sie lehrt Schwarze Menschen, dass Schreie der Schwäche eine Form von Stärke sind. Sie lehrt uns, dass das Interessanteste an uns, egal, welchen Reichtum dieses Ding namens Leben auch birgt, der Umstand ist, dass die herrschende Klasse uns nicht genug mag. Sie lehrt uns, dass es ignorant und beleidigend ist, wenn wir darauf bestehen, dass Schwarze Menschen auch unter suboptimalen Bedingungen erfolgreich sein können. Sie lehrt uns, dass wir das erste Volk in der Geschichte der Menschheit sind, das es gewissermaßen für heroisch hält, sich den Wahlspruch »Yes, we can't!« zu eigen zu machen. Von daher ist Erwählte Philosophie, egal wie unschuldig sie daherkommen mag, per se eine Form von Rassismus. Seit der Zeit der Rassentrennung war das Schwarze Amerika mit nichts derart Entmachtendem mehr konfrontiert, die Polizei eingeschlossen.

Alles schön und gut, aber hier geht es doch ums Aufbrechen von Strukturen, um soziale Gerechtigkeit und um die Dezentrierung von Weiß. Und in der Tat, wenn ich weiß wäre und mich beim Thema *Race* richtig verhalten wollte, wäre ich sehr verunsichert. Ein paar Beispiele:

»Die Schwarzen Autoren und Autorinnen, die mir von allen als die richtigen empfohlen werden, sagen, alle Schwarzen hätten einen Freifahrtschein, um Kritik zu üben. Ich soll tun, was sie verlangen, und mich darüber hinaus noch selbst hassen.«

»Und dann gibt's da noch diese Umstrittenen, die sagen, wir sollten aufhören, sie wie Kinder zu behandeln. Ich weiß, sie sind nicht verrückt, aber das sind die in der *Times* und auf MSNBC ja auch nicht, und manche weinen fast, wenn sie im Fernsehen sind, es scheint ihnen so ernst zu sein mit diesen Dingen. Was soll ich tun?«

»Dieser junge Coleman Hughes ist so klug, aber Ta-Nehisi Coates ist einfach ein derart brillanter Autor. Ich habe einiges verstanden, als ich Glenn Loury im Fernsehen gesehen habe – echt jetzt, der ist nicht verrückt –, aber Ibram X. Kendi trägt eben Dreadlocks!«

Mein Vorschlag ist ein handlicher Werkzeugkasten. Wo auch immer Sie können, sollten Sie:

1. für das Ende des Kriegs gegen Drogen kämpfen;

2. sich dafür einsetzen, dass Kinder aus Haushalten ohne Bücher mit der phonetischen Methode lesen lernen;

3. eine Lanze brechen dafür, dass ärmere Menschen in Ausbildungsberufe gehen, und der Vorstellung entgegentreten, dass alle unbedingt aufs College gehen müssen.

Aber egal für welchen dieser drei Punkte Sie sich einsetzen mögen: Sie müssen immer auch gleichzeitig Widerstand gegen die Erwählten leisten. Im letzten Kapitel gebe ich Ihnen hierfür einige Tipps.

6 / Wie können wir sie umgehen, wie um sie herumarbeiten?

Die Überschrift dieses Kapitels sagt zweierlei. Erstens: Wir müssen wissen, wie wir die Erwählten umgehen können, wie wir ihnen also aus dem Weg gehen können. Zweitens: Uns sollte klar sein, wie wir wirklich etwas geschafft bekommen, obwohl die Erwählten um uns herum sind. Denn das werden sie immer sein. Ich werde von daher zunächst einen Vorschlag unterbreiten, was wir nicht, und dann, was wir stattdessen tun sollten.

Konkret geht es um die Frage, wie sich ein konstruktiver Umgang mit einer ideologischen Schreckensherrschaft finden lässt. Dass die Menschen in den USA so große Angst davor haben, als Rassistinnen und Rassisten hingestellt zu werden, ist eine der Ursachen dafür, dass die Erwählten die Fortschritte in der *Race*-Frage so pessimistisch sehen. Die Einstellung der meisten Amerikaner und Amerikanerinnen beim Thema *Race* ist in den letzten Jahrzehnten massiv vorangekommen. Und doch herrscht heute allgemein die Angst, trotz aller Aufgeklärtheit vorgeworfen zu bekommen, nicht aufgeklärt genug zu sein. Dieser Vorwurf kommt von Menschen, die es als ihre Pflicht erachten, das Zuhören zu verweigern und auf alles, was von ihrem Credo abweicht, wie vorprogrammiert mit dem verbalen Würgeholz zu reagieren.

Das Leben ist kurz; wofür wir kämpfen wollen, müssen wir selbst entscheiden. Verächtlich machende Kommentare, gewisse Gesichtsausdrücke, sarkastische Mm-hmms, Augenrollen und clevere GIFs – wer nicht zu den eher selten vorkommenden Menschen gehört, die sich gerne mit anderen streiten und denen es egal ist, wenn sie gehasst werden, findet so etwas bedrohlich. Wenn die Erwählten Sie auf dem Kieker haben und Ihnen auf die Pelle rücken, sind Sie möglicherweise geneigt, einfach nachzugeben und zu nicken – Sie geben ihnen, was sie wollen, damit sie von Ihnen ablassen und einfach gehen. Was die Durchschlagskraft ihrer Krieger und Kriegerinnen sowie ihrer schweigenden Unterstützerkreise anbelangt, sind die Erwählten derzeit schlicht und ergreifend ein Mob. Aus dem einfachen Grund, dass sie eher von religiösen statt von rationalen Standpunkten aus argumentieren, sind sie nicht zu erreichen. Aus der fehlgeleiteten Selbstwahrnehmung heraus, die ersten Menschen auf der Welt zu sein, die eine Antwort auf alles haben, versuchen sie, ihre Dogmen in der Öffentlichkeit durchzudrücken.

Wir müssen die Erwählten zu den großen Anderen machen. Wir müssen aufhören, sie wie normale Menschen zu behandeln. Die Bezeichnung *woke* wird schon jetzt nur noch mit leicht spöttischem Unterton gebraucht, aber dieses Wort mit einem Schmunzeln zu verwenden ist ungefähr so widerborstig, wie viele sich gegenüber diesem Mob nur zu sein getrauen. Das reicht so nicht. Wie lässt sich umgehen mit einem destruktiven Dauerfeuer kognitiver Einmischung, das mächtige Menschen einsetzen, um uns mit der Drohung sozialer Exkommunikation zu verängstigen?

Nachdem sie beharrlich darauf bestehen, es ginge ihnen um gesellschaftlichen Wandel und nicht nur um die Zurschaustellung von politischer Korrektheit, behaupten die Erwählten besonders gern, die von mir beschriebenen Exzesse, Absurditäten und Tragödien seien doch kein ernsthaftes Problem. Leute wie ich, die vor der Pöbelherrschaft der Erwählten warnen, verbissen sich in einige wenige verrückte Übertreibungen und täten so, als würde gleich der Himmel einstürzen. Bloß: Dieses Argument lässt sich so nicht halten. Aber Schritt für Schritt.

A. Das sind doch nur ein paar junge Leute auf Selbstfindungstrip.

Am Evergreen State College in Olympia, Washington, an dem genau diese Sorte junger Leute den Biologieprofessor Bret Weinstein aus seinem Job jagte, weil er sich weigerte, den Campus an einem Tag zu verlassen, der ein *Safe Space Day* für Studierende aus Minderheitengruppen sein sollte, bekam diese Ideologie viel Zustimmung von Fakultätsmitgliedern. Ein Viertel von ihnen unterschrieb eine Petition, die eine Strafe für Weinstein forderte. Was einzelne Lehrkräfte anbelangt, verweise ich Sie als Anregung zu weiterer Internetrecherche nur auf eine gewisse Naima Lowe, deren Erkenntnisse zu Weinstein und der College-Verwaltung, die ihn »gedeckt« hatte, bis zu einem »Man kann eben nicht aus seinem eigenen Arsch rausglotzen!« reichte (und das ist nur ein willkürlich gewähltes Beispiel).

Alle, denen die Hochschulszene nicht gänzlich unbekannt ist, wissen, dass es sich bei den Erwählten nicht nur um junge Leute handelt. Bei Weitem nicht. Viele von ihnen nähern sich dem Rentenalter und genießen heute ein neues Dominanzgefühl. Mir selbst sind sie 1995 erstmalig begegnet – noch bevor sie zu unseren nationalen Moralbefehlshabern wurden also –, und zwar bei einer Diskussion über den Stopp der erleichterten Zulassung für ethnische Minderheiten an der University of California. Viele von ihnen wurden schon damals mindestens grau an den Schläfen. Wir haben es hier nicht nur mit jungen Leuten zu tun.

B. Es betrifft doch nur ein paar Colleges und Universitäten.

Aber Alison Roman arbeitete für eine Zeitung. Und wir haben auch nicht mehr das Jahr 2015, als es noch die neuesten Nachrichten waren, dass der Politikwissenschaftler Charles Murray bei einem Vortrag am Middlebury College nicht nur niedergeschrien, sondern vom Podium gejagt wurde, von einer Menschenmenge, die anschließend das Auto, in dem er mit seinem (linksgerichteten) Gesprächspartner saß, derart anrempelte, dass der Gesprächspartner hinterher eine Halskrause tragen musste. Die diese Episode befeuernde Ideologie hat seitdem stark an Einfluss gewonnen, vor allem im Jahr 2020, in dem sie als gesinnungstechnisch einzig zulässige abgesegnet wurde, um für den Prozess der Bewusstwerdung und Aufrechnung, den unsere Nation bei der *Race*-Frage durchläuft, stehen zu dürfen.

C. Aber Roman wurde doch nur vorübergehend suspendiert. (Oder auch: Warum stellt er diese Geschichte bloß an den Anfang seines Buchs?)
Aber wenig später hat sie die Zeitung eben verlassen. Und Sue Schafer, diejenige, die mit schwarzgeschminktem Gesicht zur Party kam, um sich über einen dummen Kommentar von Megyn Kelly lustig zu machen, wurde schlichtweg gefeuert. Genauso wie Gary Garrels vom San Francisco Museum of Modern Art und viele andere. Noch 2015 ungefähr wäre es einem genauso unwahrscheinlich vorgekommen, dass Donald Trump Präsident wird, wie dass Roman für ihre Äußerungen von ihrem Job freigestellt wird. Wer das anzweifelt, sollte noch einmal eine vergleichbare Kontroverse betrachten, die 2014 losbrach: Die bei derselben Tageszeitung angestellte Alessandra Stanley hatte sich in einer Form geäußert, die für Sensibilitäten in Sachen *Race* ebenfalls einem Affront gleichkam. Stanley wehrte sich, und viele hassten sie lange dafür, aber sie blieb für die Dauer ihres Vertrags auf ihrem Posten und die Episode geriet in Vergessenheit. Man darf davon ausgehen, dass sie ihren Job heute los gewesen wäre.

D. Das ist nichts als ein philosophischer Sturm im Wasserglas, der sowieso nur die akademische und politische Elite der US-amerikanischen Ostküste betrifft. Es sollte

doch um echte Menschen gehen, die es Tag für Tag schwer haben.

Wenn es aber nur um die paar Gestalten und ihre Verkopftheiten geht: Warum wird uns Erwählte Ideologie dann als grundlegendes pädagogisches Konzept für die öffentlichen und privaten Schulen im ganzen Land verkauft? Richard Carranza, der ehemalige Kanzler des New Yorker Schuldezernats, kam seinen Lehrkräften und Angestellten mit der Idee, dass das geschriebene Wort genauso wie Objektivität, Pünktlichkeit und Individualität ›weiß‹ seien. Ja, klar, er tat seinen Dienst in einer Stadt, die an der Ostküste zwischen Boston und Washington und damit auf der elitären Linie liegt, aber er wollte formenden Einfluss auf das Denken von Kindern von bescheidener Herkunft nehmen, Kindern, die einigermaßen unwahrscheinlich irgendwann jobbedingt zwischen den großen Städten des Ostens pendeln. Außerdem wird diese Ideologie ja, wie bereits ausgeführt, den Schulbehörden überall in den Vereinigten Staaten aufoktroyiert. Wir haben es hier mit einem landesweiten Problem zu tun und nicht nur mit einem Thema, das von einem kleinen Grüppchen fetischisiert wird, das ansonsten Frust schiebt wegen der Meinungsseite der *New York Times*.

Wenn Sie das hier lesen, wissen Sie wahrscheinlich, dass die strikt anti-weißen und hyper-Erwählten Dogmen aus *Wir müssen über Rassismus sprechen* längst landesweit in die Lehrpläne schon der Kleinsten eingesickert sind. All das wird erledigt von besorgt lächelnden Leuten, die ernsthaft glauben, das nationale Erwachen beim Thema *Race* erfordere die fest verankerte Verehrung von solch Orwell'schem Mumpitz. Wie weitverbreitet DiAngelos Buch doch wie ein biblisches Testament behandelt wird, lässt ahnen, warum das, was ich hier schreibe, nur ein paar Unangepasste in einigen wenigen Metropolen des Nordostens auf die Palme bringt. Aber wenn die Erwählten schon unsere Kinder erreichen, dann hat das etwas mit Realität zu tun. Alle, die da noch schief grinsen und »Wo ist das Problem?« fragen, sind entweder ignorant (möglich), zynisch (unwahrscheinlich), noch zu jung, um zu begreifen, dass sich das Overton-Fenster, also der Bereich dessen, was wir für normal halten, längst verschiebt (nachvollziehbar), oder einfach religiös, ohne das zu wissen.

E. Das eigentliche Problem sind doch die rechten, rassistischen Fanatiker, die beim Sturm auf das Kapitol dabei waren und das Blut von Mike Pence und Nancy Pelosi forderten.

Diese These ist ein Scheinargument für den Debattierclub. Egal wie angsteinflößend diese Protestierenden am 6. Januar 2021 vor dem Kapitol auch waren: Übernehmen sie mit ihren Ansichten die Macht in irgendwelchen Institutionen? Man muss nicht fragen, ob der Konservativismus in einem sehr viel weiter gedachten Sinn bestimmte Institutionen und sogar die gesellschaftlichen Strukturen beherrscht. Sondern: Welche offiziellen Institutionen beugen sich der militanten Körperlichkeit jener, die in der Eingangshalle des Kapitols gegen Polizisten kämpften? Die Antwort, so viel ist festzuhalten, lautet: keine einzige.

Dann kommt der Einwand: »Es könnte überall passieren.« Gut, wir alle sollten aufmerksam und vorsichtig sein, aber wo passierte »es« nach diesem einen hässlichen Vorfall am Kapitol, der sich mit verschwindend geringer Wahrscheinlichkeit wiederholen wird, denn noch einmal?

Unterdessen aber kann doch niemand leugnen, dass die Erwählte Ideologie Institutionen im Würgegriff hat, die vor wenigen Jahren noch kaum von ihr gehört hatten. Die Erwählten verändern die USA oder zumindest das, als was sich die USA mehrheitlich gerne darstellen, wenn sie sich von Verleumdung bedroht sehen. Der Mob vom Kapitol verändert gar nichts. Aus nächster Nähe zu beobachten, welch fürchterliche Leute da dabei waren, fühlte sich zwar nach einer Veränderung an, aber es veränderte etwas in uns und nicht in ihnen. Wenn sich etwas an unserer Wahrnehmung verändert, verändern wir uns als Individuen. Das unterscheidet uns von denjenigen, die, wie wir jetzt gesehen haben, tatsächlich in die Institutionen eindringen wollen. Dass sie versucht haben, die Demokratie zu bedrohen, ist nicht so wichtig wie die Tatsache, dass ihr Versuch gescheitert ist. Im Vergleich hierzu sind die Erwählten ein voller Erfolg. Ihre Selbstdefinition verhindert aber, dass sie das selbst direkt anerkennen können, denn schließlich sind sie diejenigen, die Klartext mit den Mächtigen reden.

Was wir nicht tun sollten

Wie also machen wir von hier aus weiter? Zuallererst brauchen wir eine Liste mit allem, was wir nicht tun sollten. Sie ist kurz, versprochen. Es sind nur drei Dinge, die wir stets beherzigen sollten:

1. Nicht diskutieren

Voll und ganz der Erwählten Ideologie ergebene Personen sind für eine konstruktive Diskussion nicht zugänglich. Diesen Vorwurf werden sie natürlich bestreiten. Und doch verstehen sie unter ›Diskussion‹ nichts anderes, als dass alle anderen sich ihre Weisheiten aneignen. Stellen Sie sich beispielsweise einen Mormonen vor, der davon erzählt, wie er »in einer Unterhaltung« mit einem Älteren bekehrt wurde. Das ist genau die Art von Diskussion, auf die die Erwählten aus sind. Ihnen geht es aber eben nicht um Konversation, sondern um Konversion, was exakt der Grund dafür ist, warum so viele so frustriert sind von den Erwählten. Wer versucht, mit ihnen das Brot zu brechen, scheint wenig anderes zu bewirken, als ihre Abneigung hervorzurufen.

Es mag uns recht selbstverständlich und sinnvoll vorkommen, die Erwählten freundlich darum zu bitten, anderen Meinungen gegenüber offener zu sein und ihren Dogmatismus noch einmal zu überdenken. Schon endlos oft ist an sie appelliert worden, das post-aufklärerische Eintreten für freie Meinungsäußerung und dergleichen doch bitte zu verstehen.

Für die Erwählten jedoch klingt das, als würde man fordern, Pädophilen ihren ›andersartigen‹ Standpunkt zu erlauben. Die meisten von uns würden sagen, dass Pädophilie ganz besonders abscheulich ist, weil sie sich so vernichtend auswirkt auf ein anderes Menschenleben. Für die Erwählten verursachen Machtgefälle und ihre Folgen dieselbe Art von ›Schädigung‹. Das müssen wir begreifen, wenn wir verstehen wollen, womit wir es zu tun haben. Das ist der Grund, warum sie oft so klug sind, aber trotzdem etwas dagegen haben, wenn andere eine von der ihrigen abweichende Meinung vertreten. Bedauerlicherweise ist der Konflikt so kompliziert, dass er wohl nicht darüber zu lösen ist, dass man die Erwählten auffordert, einfach mal zuzuhören.

Es ist vergeblich zu fragen: Wieso legt ihr fest, dass eure Meinung die einzige gültige sein soll? Die Erwählten glauben ja gar nicht, dass sie lediglich eine ›Meinung‹ haben. Sie argumentieren mit dem Evangelium, auch wenn sie es nicht so nennen und sich dessen noch nicht mal bewusst sind, was das Diskutieren mit ihnen sogar noch anstrengender macht als mit anderen Anhängerinnen und Anhängern einer Religion. Deswegen kommt von ihnen ja auch so häufig eine Antwort, die mehr oder weniger eine Gegenfrage ist: »Aber bist du denn nicht gegen Rassismus?« Denn genau von dort kommen sie – und nur von dort. Und nur sie wissen wirklich, was Rassismus ist.

Eine Diskussion über Religion könnte immer irgendwann friedlich mit »In dieser Sache sind wir wohl unterschiedlicher Meinung« enden, schließlich wissen beide Seiten, dass man beim Thema Glauben ab einem bestimmten Punkt einfach nicht weiterkommt. In einer Diskussion über Rassismus begreift viel zu oft keine der beteiligten Seiten, dass es überhaupt um die gleiche Art von Glauben geht. Die

Erwählte Person denkt, sie habe »einfach recht«, wohingegen die säkulare Person davon ausgeht, man diskutiere auf der Grundlage von Logik.

2. Nicht glauben, dass ein vernünftiger Umgang mit dem Thema *Race* gleichbedeutend ist mit *Victim Blaming*

Das Wörtchen *like* bekommt im heutigen gesprochenen Englisch als ausweichende Floskel oder Füllwort viel Aufmerksamkeit. Aber eigentlich gibt es in allen Sprachen solche Möglichkeiten des ausweichenden, aufschiebenden Sprechens. Die Frage ist nur, welches Wort oder welcher Ausdruck benutzt wird. In Mandarin schindet man beim Reden beispielsweise Zeit, indem man »das, das, das …« sagt, so als käme man gerade nicht auf den Namen für irgendeine Sache oder auf einen bestimmten Begriff. Der Zufall will es, dass der Ausdruck in Mandarin *»nay-gah«* ausgesprochen wird.

Schwarze Menschen haben hier und da schon eine gewisse Besorgnis darüber geäußert, was Chinesen oder Chinesinnen genau sagen, wenn sie *»nay-gah«* sagen, aber das war immer irgendwie als Witz gemeint. Trotzdem war es nur eine Frage der Zeit, bis jemand fand, das sei nicht mehr lustig, und es ist kein Zufall, dass dieser Zeitpunkt 2020 gekommen war.

Professor Greg Patton unterrichtete Studierende der Betriebswirtschaft an der University of Southern California in Wirtschaftskommunikation. Im Seminarraum behandelte er gerade »Füllwörter in unterschiedlichen Sprachen« und erwähnte eher beiläufig, dass man auf Mandarin *»nay-gah,* *nay-gah, nay-gah«* sagt. Eine Gruppe Schwarzer Studierender aus dem Seminar fühlte sich davon so angegriffen, dass sie Patton beim Dekan der wirtschaftswissenschaftlichen Fakultät anzeigten und angaben: »Uns wurde das Gefühl gegeben, weniger wert zu sein.« Sie behaupteten: »Wir haben schon in der Gesellschaft, am Arbeitsplatz und im ganzen Land mit unserer Existenz zu kämpfen. An der Universität sollten wir nicht auch noch dafür kämpfen müssen, in Frieden gelassen zu werden und uns mental gut zu fühlen.«

Natürlich wurde Patton für den Rest des Semesters als Dozent dieses Seminars suspendiert. Das Problem allerdings ist: Diese Studierenden taten nur so, als ob. Das mag jetzt abenteuerlich klingen, aber seit Jahrzehnten hören Schwarze Studierende, die Chinesisch lernen, landauf, landab *»nay-gah«*, ohne sich davon jemals diskriminiert gefühlt zu haben. Eine Gruppe von in China lebenden Schwarzen legte in einem Brief an die University of Southern California sogar Widerspruch ein und schrieb, sie hätten dieses Wort nie verletzend wahrgenommen. Weltweit hieß es, die Schwarzen USC-Studierenden könnten doch von ihren zukünftigen chinesischen Geschäftspartnern nicht erwarten, sich einen Maulkorb anzulegen und das Wort in ihrer Gegenwart nicht zu benutzen. Kurz: Die Studierenden dehnten ihre Interpretation von Erwählter sprachlicher Verfolgung auf eine andere Sprache aus, was nicht den geringsten Sinn ergab und in einem überzogenen Ausmaß geschah, was ihnen bewusst gewesen sein muss.

Wer behauptet, es wäre ihnen nicht bewusst gewesen, beleidigt ihre Intelligenz – was sie mit ihrer Beschwerde bedauerlicherweise selbst mehrfach getan haben. Sie behaupteten, man spreche *»nay-gah«* im Chinesischen mit einer Pause zwischen den beiden Silben aus, was nicht stimmt. Und dass *»nay-gah«* eben kein Synonym des N-Worts ist, wie behauptet wurde, sondern lediglich ein Homophon (und auch das nur sehr entfernt), spielte überhaupt keine Rolle. Dass der Dekan den Forderungen der Studierenden nachkam und Patton aus dem Kurs entließ, war eine Beleidigung Schwarzer Menschen. Jemand, der sich von einem chinesischen Füllwort, das zufälligerweise ähnlich klingt wie das N-Wort, seines Friedens und mentalen Wohlbefindens beraubt sieht, braucht dringend psychologische Betreuung. Es ist allerdings unwahrscheinlich, dass alle Schwarzen Studierenden, die Patton als jüngstes Bauernopfer für den Drang benutzten, ihr Leben als ein Passionsspiel mit hehren Opferrollen aufzuführen, in dieser seelischen Verfassung waren. Kurz: Diese Studierenden spielten Theater.

Und damit kommen wir zu einem der vertracktesten Punkte in diesem Buch: zu der schmerzhaft unangenehmen Tatsache nämlich, dass viele Behauptungen, Opfer von Rassismus geworden zu sein, Fake sind. Ibram X. Kendi psalmodiert, dass wir uns, wenn wir wahrhaft antirassistisch handeln wollen, ausschließlich mit den Gefühlen des Opfers und nicht mit den Erklärungen der Täter auseinanderzusetzen haben. Manchmal aber sind Letztere gültig, dann nämlich, wenn die Behauptung, Opfer geworden zu sein, ungerechtfertigt ist. Ausgehend von einem alles überwölbenden, logisches Denken verhindernden Prinzip, wird uns allerdings gelehrt, dass es nie ungerechtfertigt ist, wenn eine Schwarze Person angibt, Opfer geworden zu sein. Das so stehen zu lassen ist aber rassistisch.

Denn es bedeutet, dass Schwarze Amerikaner und Amerikanerinnen – und nur wir – perfekt sind. Weiße, die ein Monster wie Trump ins Amt gewählt haben, haben Fehler gemacht; Albaner, die bis in die heutige Zeit Blutfehden austragen, machen Fehler. Aber Schwarze Menschen in den USA können niemals falschliegen – und das wegen Sklaverei und Rassentrennung? Oder sogar wegen Sklaverei, Rassentrennung und George Floyd? So werden Schwarze in den USA nicht ermächtigt, sondern degradiert. So abscheulich es auch ist, Rassismus am eigenen Leib zu erfahren: Nichts an dieser Erfahrung hebt all das auf, was wir ansonsten als gesunden Menschenverstand betrachten.

Aber auch was die gängigen Annahmen über die Natur des Menschen anbelangt, haben Schwarze Erwählte einen Plan: Für sie zählt die Wirkung und nicht die Intention. Aber das Gewicht von Wörtern wie Intention und Wirkung mal beiseitegelassen: Es bleibt die Frage, ob es nicht doch möglich sein könnte, dass es auch Schwarzen Menschen passiert, Rassismus fälschlicherweise als Ursache für ein Problem auszumachen. Könnte es nicht hin und wieder sein, dass eine Schwarze Person etwas als rassistisch versteht, dann über ihr Missverständnis aufgeklärt wird, daraufhin »Ah, alles klar, tut mir leid« sagt und einfach weitergeht? Uns aber wird beigebracht, ein »Du musst respektieren, wie ich mich fühle« klaglos zu akzeptieren und damit zu unterschreiben, dass dieses Gefühl nur aus rassistischer Misshandlung entstehen kann. Aber ... Und jetzt wappnen Sie sich für das, was gesagt sein muss. Es ist, offen gestanden, besser, wenn es von einem Schwarzen Menschen wie mir gesagt wird:

> Wie so oft beruht das, was ein Mensch ›fühlt‹, auf dem, was zu ›fühlen‹ ihm beigebracht wurde. Es ist ein Paradigma, das ihn lehrt, dieses ›Gefühl‹ zu übertreiben beziehungsweise es sogar künstlich zu erzeugen. Anders gesagt: Viel zu oft ist eine Person, die uns sagt, wir müssten anerkennen und uns danach richten, wie sie sich ›fühlt‹, vorher quasi gecoacht worden.

So etwas von einem Schwarzen Autor zu lesen lässt Schwarze Erwählte innerlich zusammenzucken, und auch viele meiner Leser und Leserinnen werden es nur schwer erträglich finden. Eine Schwarze Person, die Beschwerde führt, schauspielert also nur? Und das sollen Sie sich von mir anhören, obwohl Sie Ihr ganzes Leben eine gegenteilige Vorstellung eingetrichtert bekommen haben? Die nämlich, dass die Wut des Schwarzen Menschen, egal wie wenig sie auch passt zu einer zwar alles andere als perfekten, aber offensichtlich doch verhandelbaren Realität, in eindeutiger, gegenwärtiger Unterdrückung wurzelt, einer Unterdrückung, die zwar nur selten offen zutage tritt, aber »da draußen« ständig unterschwellig präsent ist, »schwer zu erklären«, aber auf tragische Weise real und unüberwindbar? Liebe Frau DiAngelo – hier bin ich doch sicherlich zu weit gegangen?

Ich bitte Sie. Ich habe nichts als eine willkürliche, aufs Abstrafen versessene und zweckfreie Etikette missachtet. Natürlich sind die Ursachen von Klagen über Rassismus manchmal recht eindeutig. Niemand wird George Floyds Familie erzählen wollen, dass sie in ihrer Trauer und Empörung performativ agiert. Aber was ist mit denjenigen, bei denen es, nun ja, schon recht oft anders ist? Ein Buch, das von den Mainstreammedien behandelt wird, als würde es nicht existieren, ist *Hate Crime Hoax* von Wilfred Reilly. Der Autor führt hier in aller Ruhe eine ganze Reihe von Fällen an, bei denen sich eindeutig herausgestellt hat, dass Schwarze Menschen sich angebliche Diskriminierung oder Angriffe wegen ihrer Hautfarbe nur ausgedacht haben. Wenn man Reillys Buch gelesen hat, kann man einfach nicht mehr länger über äußerst seltene Ausreißer sprechen, und hier nur an Wirkung und nicht an Absicht zu denken hat dann schon etwas arrogant Selbstgefälliges. Und ich sollte noch erwähnen, dass Reilly Schwarz ist.

Glauben Sie zum Beispiel wirklich, dass Universitäten rassistische Institutionen sind? Die Erwählten der Universität Princeton bezeichneten 2020 ihre gesamte Einrichtung öffentlich als eine solche, und Trumps Bürgerrechtsabteilung im Justizministerium drohte schon, deswegen an der Universität Ermittlungen anzustellen, was die Verantwortlichen zwang, darzulegen, inwiefern sie gegen die Bestimmungen des Bürgerrechtsgesetzes verstoßen haben. Princeton wurde überrollt von einer edlen, aber durchsichtigen Lüge, einer massiv performativen *Political Correctness*, die in keinem Zusammenhang stand mit der Faktenlage. Und erinnern Sie sich: Die betreffenden Princeton-Erwählten waren nicht nur eine Truppe junger Leute, die ein bisschen Brimborium machte – unter ihnen waren relativ viele Fakultäts- und Verwaltungsangestellte mit festen Gehältern und grauen Haaren.

In Fällen wie diesen meldet sich bei Ihnen möglicherweise ein leises Stimmchen, das all das in einem gewissen Maß einfach hinnehmen möchte. Auch wenn die Logik protestierend ihren Kopf hebt: Sie drücken sie schweigend wieder nach unten, schaufeln ein bisschen Erde darüber und klopfen die Stelle glatt, denken sich: Nun ja, so sieht sie eben aus, die Intelligenz und die Ethik des zeitgenössischen Menschen. Aber so ganz richtig fühlt es sich nicht an. Und zwar weil es nicht richtig ist. Schwarzen Menschen Behauptungen durchgehen zu lassen, die man seinen eigenen Kindern niemals durchgehen lassen würde, ist rassistisch. Es Schwarzen Menschen als authentisches Handeln durchgehen zu lassen, wenn sie sich sinnfrei äußern, ist rassistisch.

Es muss vorbei sein damit, aus Höflichkeit so zu tun, als dürften Äußerungen zum Thema *Race* ruhig kompletter Nonsens sein, weil sie so einzigartig *deep* und tiefgründig sind. Diese Höflichkeit ist es, die rassistische Diskriminierung erst herstellt. Wenn es inkonsistent erscheint, wenn jemand oder etwas als rassistisch bezeichnet wird, ist es wahrscheinlich genau das: nicht komplex genug. Begegnen Sie Schwarzen Menschen nicht mit Herablassung, indem Sie so tun, als habe jedweder Nonsens, wenn er nur von ihnen geäußert wird, irgendeinen besonderen Tiefgang. Wenn Sie uns als wahrhaft Gleichberechtigte betrachten, dürfen Sie uns ruhig sagen, wenn wir Mist erzählen. Das machen Sie mit allen anderen ja auch so.

Gesetzt den Fall, Schwarze Personen geben sich verletzt, wenn ein weißer Professor ihnen erzählt, in China würde *»nay-gah«* gesagt, wo es im Englischen *»like«* heißt. Wenn Sie ihnen dann sagen, dass es keinen Grund für verletzte Gefühle gibt, ist es dann nicht so, als würden Sie gerade Geohrfeigten erzählen, es täte doch gar nicht weh?

Nein. Folgen Sie Ihrem Verstand. Es bedeutet nur, dass

Sie sogar Ihre Lieblingsquellen darauf ansprechen müssen, was Performance ist und was nicht. Die *New York Times* veröffentlichte jüngst einen Leitartikel, in dem ein unglücklicher Schwarzer Philosophieprofessor schrieb:

> An informellen Veranstaltungen der Fakultät nehme ich so gut wie nie teil. Ich gehe nie einen trinken. Ich lade niemanden zum Abendessen ein und es ist mir kein Bedürfnis, mich bei meinen weißen Kollegen und Kolleginnen einzuschmeicheln … Es ist schon schwer genug, in Amerika Luft zu bekommen. Tagtäglich fühlst du dich so, als müsstest du mit einem Knie im Nacken leben.

Was George Floyd passiert ist, war widerlich und empörend. Rassismus gibt es. Auch dieser Philosophieprofessor ist schon mal kurz und brüsk irrtümlich von der Polizei festgenommen worden. Aber wenn das dazu geführt hat, dass er im Jahr 2020 um sein körperliches Wohlergehen fürchtet, wenn er sozialen Umgang mit seinen weißen Fakultätskolleginnen und -kollegen hat, und wenn er täglich mit dem Gefühl lebt, ein Knie auf dem Hals zu haben, dann stimmt etwas nicht mit ihm. Er sollte sich umgehend krankschreiben lassen und sich mehrfach pro Woche einer Psychoanalyse unterziehen.

Er übertreibt, weil er glaubt, dies diene einem höheren Zweck. Und das tut es auch. Er ist eine Erwählte Schwarze Person und sieht seinen Wert für die Welt nicht nur darin, neue Perspektiven auf Kant, Foucault und Fanon zu entwickeln, so wie andere Philosophinnen und Philosophen es tun, sondern die Aufmerksamkeit auf die Rolle von Rassismus im US-amerikanischen Alltagsleben zu lenken und damit angeblich ›Strukturen zu dekonstruieren‹. Dieser neuen Stimmung folgend zitierte auch David Brooks von der *Times* diesen Meinungstext und tat kurz darauf kund, er als eine Art Konservativer sei beim Thema *Race* nach links gerückt. Aber indem Brooks so tat, als ob dieser Professor tatsächlich über die Realität schrieb, gab er Schwarzen Intellektuellen einen Freifahrtschein. Das Gedankengut dieser Leute aber ist nicht progressiv, sondern unbeabsichtigter Rassismus.

Die Wendung *blaming the victim*, also dem Opfer die Schuld zuzuschieben, darf nicht länger als Totschlagargument akzeptiert werden – ein Argument, dem niemand länger folgen kann. Mittlerweile wird der Begriff des *Victim blaming* nämlich nicht mehr als Werkzeug für den Unterricht, sondern als Rammbock benutzt.

3. Logik und nicht ›Authentizität‹

Wir müssen uns noch einem weiteren Punkt zuwenden, einer Frage, die über jeder Beurteilung dieses Buchs schweben wird und die lediglich in Interviews zu beantworten ich keinen Anlass sehe. Es ist also angemessen, sich dieser Frage hier und jetzt zu stellen: Bin ich Schwarz genug, um dieses Buch zu schreiben?

Wie sehr also darf man diesem Buch trauen, wenn es aus meiner Feder stammt? Der Feder eines Strickjacken tragenden Autors und College-Professors, der in einem grünen Stadtviertel aufgewachsen ist, auf Privatschulen gegangen ist, nie Zusammenstöße mit der Polizei hatte, Texte und Podcasts über seine *biracial* Kinder macht und von dem man schwerlich behaupten kann, er sei verwurzelt in der Schwarzen Bevölkerung, die weniger Glück hatte als er. Ist dieser Mann tatsächlich, nun ja, also ... Ist er überhaupt wirklich Schwarz? Oder zumindest Schwarz genug?

»Was soll das denn heißen?«, fragt jemand vom Rand, und die Antwort, auch wenn sie eher still gedacht als laut geäußert wird, könnte so klingen: »Er hat ja nicht gelitten. Er weiß doch gar nicht, wie es ist für echte Schwar..., ups, ich meine, für die meisten Schwarzen. Er spricht von einem privilegierten Außen her.«

Die Frage ist nicht verrückt. Und das ist die Antwort darauf: Die Unterdrückung Schwarzer Menschen geschieht ja angeblich so ohne jeden weiteren Anhaltspunkt und unterschiedslos, dass alle von uns regelmäßig bigotter, intoleranter Behandlung ausgesetzt sind, völlig unabhängig von sozialer Schicht, Hintergrund, Auftreten, Kleidungsstil oder beruflicher Leistung. Der Kommentar des Philosophieprofessors in der *Times* könnte dafür ein gutes Beispiel sein. Die Polizei unterscheidet ja angeblich nicht zwischen mir und dem Teenager, mir und dem ›Gangster‹, mir und allen anderen US-Amerikanern und -Amerikanerinnen mit Schwarzer Haut. Die Verachtung, die pauschal allen Schwarzen Menschen entgegenschlägt, soll schließlich eine der wichtigsten Triebfedern für Antirassismus sein – denn um nichts anderes als um *Race* geht es doch.

Die Annahme, dass ich, weil ich hoffnungslos bourgeois bin, bislang von Rassismus verschont geblieben bin und es von daher einfach nicht kapiere, ist also nicht stimmig. Der einzige Ausweg ist hier die These, ich sei schlicht zu naiv, um den endlosen Rassismus zu begreifen, den ich erdulden muss. Diese These weise ich zurück, denn sie würde bedeuten, dass ich ein klein wenig begriffsstutzig bin. Vielleicht bin ich auch klug genug, will die Realität aber trotzdem nicht wahrhaben? Ich bezweifle es – ich weiß, wann ich es mit Rassismus zu tun habe, ich erkenne ihn auch in subtiler Form und habe schon häufig darüber geschrieben. Und trotzdem glaube ich immer noch an jedes Wort, das ich in diesem Buch geschrieben habe.

Alles in allem mag bei manchen der Eindruck entstehen, dass Meinungen zum Thema *Race* dann der Wahrheit am nächsten kommen, wenn sie dem sogenannten Ghetto entstammen. Aber die Vorstellung, dass nur, wem auf der Straße schon mal ein Polizist hinterhergerannt ist, eine Meinung zum Thema *Race* haben kann, die es wert ist, gehört zu werden, ist einer der traurigsten und sinnlosesten Identitätsbegriffe, die je einer Gruppe von Menschen auferlegt worden sind.

Ich entschuldige mich nicht dafür, dass ich keine Figur aus *The Wire* bin. Ich setze mich dafür ein, dass Schwarze Menschen, die Hilfe brauchen, auch Hilfe bekommen, und meine Positionen in diesem Buch stehen und fallen damit, ob sie auf diese Mission anwendbar sind.

Zurück zum Wesentlichen

Also:

1. An die Philosophie der Erwählten lässt sich über Diskussion nicht herankommen.

2. Wer das Denken der Erwählten ablehnt, schiebt nicht gleich den Opfern von Rassismus die Schuld in die Schuhe und betreibt auch kein *Victim blaming*.

3. Dieses Buch wird nicht von der Tatsache entwertet, dass sein Autor ein Mittelschichtskind ist, das von zwei Eltern großgezogen wurde.

Und wie geht es jetzt weiter?

Eine weiße, sehr gebildete Freundin von mir ist im Jahr 1980 geboren. Die ideologischen Konturen unserer Zeit mit ihren charakteristischen Merkmalen hat sie durchaus auf dem Schirm. Sie ist nicht die Sorte Mensch, die ständig überall dagegen ist, aber als Kopf ist sie unabhängig genug, um die neue inquisitorische Stimmung innerhalb der Linken als ein echtes Problem wahrzunehmen. Was sie mir mal zu der Frage, wann weiße Menschen in den heutigen USA das mit dem *Race*-Ding wirklich kapiert haben und sich gut fühlen dürfen, geschrieben hat, finde ich absolut treffend:

> Dass ich vielleicht eine Rassistin sein könnte, darüber mache ich mir definitiv keine Sorgen. Vermutlich finden viele, dass ich mir deswegen Gedanken machen sollte? Dass eigentlich alle weißen Menschen heutzutage ihre Zeit damit verbringen sollten, sich deswegen Gedanken zu machen? Aber es gibt doch nichts, worüber ich mir Sorgen machen sollte: Ich weiß, dass ich keine offen vorurteilsbehaftete Einstellung habe, und ich weiß, dass ich unbewusst trotzdem Vorurteile habe, aber das haben alle und ich kann mich doch deswegen nicht die ganze Zeit selbst

> geißeln. Es bleibt einem doch nichts anderes übrig, als sein Bestes zu geben, damit die Vernunft sich so oft wie möglich gegen das Unbewusstsein durchsetzt, und zu versuchen, aufmerksam zu sein, wenn einem das mal nicht gelingt. Dass ich meine Zeit und meine Energie gut darin investiert hätte, mich ständig schlecht zu fühlen, weil es sein kann, dass ich das alles nicht perfekt schaffe, erscheint mir als Idee lächerlich.

Das ist natürlich, so haben die Erwählten entschieden, gerade nicht genug. Für sie ist meine Freundin unwissentlich eine Rassistin. Dass das Schwarze Amerika Probleme hat, liegt daran, dass Menschen wie sie sich weigern, ›an sich zu arbeiten‹ und zu erkennen, dass sie und ihre rassistische Fäulnis Mitschuld tragen an systemischer Ungerechtigkeit. Aber, liebe Leute, die ihr dieses Buch nicht lest, um euch aufzuregen: Wahrscheinlich ist meine Freundin doch gar nicht so viel anders als ihr! Liebe Schwarze Leute, ihr hättet doch ziemlich sicher überhaupt kein Problem mit ihr, wenn ihr sie bei ihrem Wort nehmt!

Ihre Ansichten zum Thema *Race* sind den für ihre Altersgruppe typischen um Lichtjahre voraus – ja, obwohl sie 1980 geboren ist! –, aber das reicht doch, damit lässt sich doch arbeiten. Alle weißen Menschen in den USA könnten mit genau dieser Einstellung durch die Gegend laufen, und man könnte trotzdem das politische Programm angehen, das ich im vorigen Kapitel umrissen habe. Sie sagen, es könnte besser oder schneller umgesetzt werden, wenn meine Freundin wegen ihrer ›Mitschuld‹ ein schlechtes Gewissen hätte? Und ich frage: Wie das? Gibt es in unserer Geschichte auch nur ein einziges Beispiel dafür, dass ein tiefsitzendes Schuldgefühl aus durchschnittlichen Mitgliedern der herrschenden Klasse politische Junkies gemacht und die Lebensbedingungen der Armen verändert hätte? Nicht vergessen: Das Nachdenken über Lösungen ist für die Erwählten eine Sünde. In Wirklichkeit geht es ihnen darum, die Sünde auszuräuchern, sozusagen die Festung im Garten zu bauen.

Die Erwählten sind unsere Pharisäer. Indem sie sich für antirassistische Ideen starkmachen, die Schwarzen Menschen eigentlich schaden, kleben sie quasi obsessiv am Buchstaben des Gesetzes und nicht an seinem Geist. So, wie sie allen Sündigen nachstellen, machen sie es genau andersrum als Jesus, der die Sünder und Sünderinnen ja zu sich kommen ließ. Sie verhalten sich nicht wie Leute, die etwas Grauenerregendem auf der Spur sind – denken Sie an Menschen, die nach einem Erdrutsch Leichen bergen sollen –, sondern wie Leute, die es genießen, sich selbst als diejenigen darzustellen, die bereits etwas Grauenerregendes aufgespürt haben. Ihre Posts in den sozialen Medien sind tendenziell vergleichbar mit jemandem, der nicht das Bild eines aus dem Schlamm geborgenen Leichnams ins Netz stellt, sondern sich selbst beim Ausbuddeln der Leiche zeigt, um zu beweisen, dass er es war, der sie ausgebuddelt hat. Genau diese Art von ›Arbeit‹ ist es, die die Erwählten in ganz Amerika predigen.

Wie wäre es aber mal mit einer Arbeit, die von etwas anderem motiviert ist als von Schuldgefühlen, Überlegenheitsgefühlen und dem Genießen eines Zugehörigkeitsgefühls? Viel eher sollten wir daran arbeiten, dass der Krieg gegen Drogen beendet und der auf Phonetik basierende

Leseunterricht gefördert wird, und jeden politischen Ansatz feiern, der den Glauben daran kleiner werden lässt, alle Menschen müssten vier Jahre in einem Studentenheim gewohnt haben, bevor sie ihre eigentliche Berufsausbildung beginnen. Das ist mehr als genug Arbeit. Aber nur so können wir einen Beitrag leisten, um die Welt zu verändern.

Für diese abgespeckte Version von Antirassismus werden uns die Erwählten jedoch hart angehen und uns mindestens Vorträge darüber halten, dass wir moralisch pervertiert sind, wenn wir diese Version unterstützen. Und jetzt kommt, was wir dann tun sollten.

Einfach Nein sagen

Wir müssen den Erwählten Paroli bieten. Sie üben ihre Herrschaft aus, indem sie Angst und Schrecken verbreiten, entweder durch lautstarke Beschimpfungen oder indem sie Sätze wie »Na ja, ich denke mal, wenn du Rassismus okay findest, dann …« unvollendet in der Luft hängen lassen. Wenn von ihnen verlangt wird, doch Vernunft walten zu lassen, halten sie das für ketzerisch ›weiß‹. Und wenn man erst mal an diesem Punkt ist mit ihnen, kommt man nicht weiter.

Wir dürfen angesichts dessen aber nicht einfach aufgeben, denn das wäre Verrat an der post-aufklärerischen Gesellschaft, die uns so lieb und teuer ist. Wir dürfen keine Angst mehr haben vor diesen Leuten, und wenn doch, dann müssen wir uns innerlich dagegen wappnen und uns daran gewöhnen.

Oft werde ich gefragt: »Wie kann ich denn mit diesen Leuten reden, ohne dass sie mich als Rassisten bezeichnen?«

Die Antwort lautet: Können Sie nicht.

Wenn Sie nicht exakt das tun oder sagen, was sie für korrekt erachten, werden sie Sie als Rassistin oder Rassist bezeichnen. Schwarze Menschen: Macht euch bereit für den Schlag aus der anderen Richtung, von wegen, ihr wäret dem Selbsthass verfallen und würdet ›eure Leute‹ verraten. Sie werden das so sagen, zu euch und über euch.

Die Strategie muss also sein: nicht unbedingt vermeiden wollen, von ihnen des Rassismus bezichtigt zu werden, sondern sich daran gewöhnen und trotzdem weitermachen.

Konkret: Aufgeklärte Menschen in den USA müssen sich – zusätzlich zu allem, was sie sonst noch hinbekommen sollten – daran gewöhnen, in aller Öffentlichkeit als Rassistinnen und Rassisten bezeichnet zu werden.

Statt eine exzentrische und eigennützige renovierte Definition von Rassismus zu vertreten, die uns von Religiösen aufgezwungen wird, sollten wir lernen, uns an unseren eigenen Maßstäben zu orientieren und unsere Vernunft darüber entscheiden zu lassen, ob wir Rassisten sind oder nicht.

Wenn diese Leute – und damit meine ich weiße genauso wie Schwarze – uns als Rassisten bezeichnen, müssen wir nicht geknickt von dannen ziehen und daran ›arbeiten‹, uns zu fragen, ob die, die uns anklagen, nicht vielleicht doch recht haben. Wir sind in diesem Moment Galileo, dem gesagt wird, er würde widersinniges Zeug erzählen, weil es so nicht in der Bibel steht.

Ist das zu viel verlangt? Ich verlange nicht mehr als die Erwählten, die ja auch von uns fordern, unseren Unglauben aufzugeben und eine Perspektive auf soziale Gerechtigkeit zu entwickeln, die eher darauf fokussiert ist, die eigene Tugendhaftigkeit auszustellen, als Menschen wirklich zu helfen. Wenn wir tatsächlich an etwas arbeiten wollen, wie man heute so schön sagt: Sollten wir dann nicht lieber etwas tun, das wirkliche Veränderung bewirkt und nicht nur unschuldige Menschen zum Weinen bringt?

Wenn wir uns nicht für den totalen Rückzug entscheiden, haben wir zwei Möglichkeiten: Entweder so zu tun, als sei die eigene Ratio ungültig, damit niemand mehr unsere Gefühle verletzen kann. Oder sich daran zu gewöhnen, dass ein beißendes statisches Knistern in der Luft liegt, während wir uns von Herz und Verstand leiten lassen und uns mit denjenigen zusammentun, die für Bedürftige wirklich etwas bewirken wollen.

Ja, manchen wird es leichter fallen als anderen, gegen die Erwählten standzuhalten. Von ihrem Temperament her kommen manche besser mit Konflikten zurecht als andere. Manche müssen sich in ihrem Job eher der Erwählten Linie unterordnen als andere. Manche können aufgrund ihres Einkommens einfacher den Job wechseln als andere. Solche Entscheidungen müssen individuell getroffen werden.

Auch der allgemeine Zeitgeist spielt hierbei eine Rolle, und alle können dazu beitragen, diesen im Großen wie im Kleinen anders zu würzen. Im Rahmen unserer Möglichkeiten sollten wir genau das tun – schließlich verlangen die Erwählten ja auch von uns, ihre Vision von sozialer Gerechtigkeit als sogenannte ›Alliierte‹ so zu unterstützen, wie wir es nach unseren Möglichkeiten können.

Egal an welchem Ort oder auf welcher Position: Wer einem Erwählten die Erfahrung beschert, von ihm beschimpft zu werden und trotzdem keinen Rückzieher zu machen, trägt zu einer neuen Grundströmung bei, die nötig ist, um diese Leute auf ihre Plätze zu verweisen. Helfen wir mit, eine solche neue Atmosphäre zu etablieren, und sei es nur, indem wir uns weigern, uns dem Urteil des kleinen Erwählten Engels auf unserer Schulter zu beugen, wenn wir eine Entscheidung zu treffen haben.

Es geht nicht darum, die Erwählten mundtot zu machen. Wir brauchen sie als radikale Linke, die uns neue Wege des Denkens aufzeigen. Wir müssen sie dazu kriegen, dass sie diesen Job wieder machen, während sie ruhig mit uns am Tisch sitzen bleiben. Nicht, dass sie sofort wieder aufspringen und uns, nur weil wir anderer Meinung sind, als moralisch Pervertierte bezeichnen und das dann zur Kampfansage an die Mächtigen erklären. Wir müssen sie irgendwie von der Vorstellung befreien, die *Race*-Debatte nach dem Tod von George Floyd hätte die moralisch unbestreitbare Notwendigkeit aufgezeigt, Amerika vor der Erwählten-Religion nach Kendi und DiAngelo niederknien zu lassen.

Die Trennung von Kirche und Staat

Sich dieser Performance-Kunst zu erwehren, wird einfacher, wenn wir nicht vergessen, dass die Philosophie der Erwählten eine Religion ist. Wir müssen die geistige Übung durchführen, uns vorzustellen, wie sie sich in ihren eigenen Kirchen versammeln. Die Universitätsgebäude von heute sind von diesen Kirchen kaum noch zu unterscheiden. Ein Anthropologe vom Mars würde problemlos feststellen können, dass das, was wir als Bildungseinrichtung bezeichnen, gleichzeitig seinen Zweck als Kathedrale für die religiösen Pflichten unserer Intelligenzia erfüllt. Weit verbreitete Überzeugungen, die in erkennbar irrationalen Annahmen wurzeln und von ansonsten empirisch denkenden Menschen aus opaken, transzendenten Gründen vehement vertreten werden, sind eine Religion.

Sobald wir die Erwählten als religiöse Entität begreifen, verstehen wir auch, warum ihre Anhänger und Anhängerinnen kein Anrecht darauf haben, die Entscheidungshoheit über unsere Lehrpläne oder über die Ausstellungsobjekte im Museum zu besitzen, darüber, welche Fächer wir studieren wollen, welche Schlussfolgerungen wir aus dem Gelernten ziehen oder welches Verhalten wir in ethischer Hinsicht von unserer Bevölkerung erwarten. Der Journalist Charles Fain Lehman hat es treffend formuliert: »Etwas als Religion anzuerkennen bedeutet, es gewissen Beschränkungen zu unterwerfen; die seltsamen neuen Religionen, die sich so schnell verbreitet zu haben scheinen, haben keine Ausnahme von dieser Regel verdient.« Auch die Tatsache, dass diese Religion viele Schwarze Anhängerinnen und Anhänger hat, nimmt sie nicht von dieser schlichten Logik aus.

»Genauigkeit ist weiß.« – »Weiße, die mit Schwarzen zusammen sind, müssen tief in ihrem Inneren Rassisten sein.« – »Schweigen ist Gewalt.« – »Ungleiche Ergebnisse bedeuten ungleiche Chancen.« Einsichten dieser Art sind Ideen, von denen viele sicher auch einen zweiten Blick verdient haben. Aber bei keiner ist es angemessen, sie der Allgemeinheit per Gesetz aufzuerlegen wie ein Alkoholverbot oder, treffender, wie ein Abtreibungsverbot oder wie die Vorschrift, Milch und Fleisch nicht zu mischen. Das alles sind privat getroffene Entscheidungen.

Sollen die Erwählten doch als Privatmenschen die Entscheidung treffen, sich multi-ethnische Liebesaffären zu verbieten, Schwarze Menschen davon abzuhalten, Individuen zu sein, und Kleinkindern beizubringen, sich zu bestimmten *Races* zugehörig zu fühlen, die in gegensätzlichem Verhältnis zueinander stehen. Bitte sehr. Wollen die Erwählten aber über ihre Kongregationen hinaus unbedingt eine missionarische Religion sein, müssen sie lernen, ihre Philosophie schrittweise via ziviler Überzeugungsarbeit zu verbreiten. Die Pfingstbewegung würde auch niemanden bekehren, wenn sie an die Türen klopfte und alle als Satanisten beschimpfte. Täte sie das, wüssten wir, dass sie den Menschen eher Angst einjagen als sie überzeugen wollte.

Hier protestieren die Erwählten: Bei ihnen sei das was anderes, denn es ginge doch um Rassismus. Als sei das, was sie predigen, selbstverständlich logisch. Aber erinnern wir uns doch noch einmal daran, was sie damit meinen, und werfen einen letzten Blick in das kleine Büchlein, das sie bei sich trügen, wenn sie tatsächlich an unsere Tür klopften:

1.	Wenn Schwarze Menschen sagen, Sie hätten sie beleidigt, entschuldigen Sie sich mit tiefer Aufrichtigkeit und viel schlechtem Gewissen.	Bringen Sie Schwarze Menschen nicht in die Lage, von ihnen zu erwarten, dass sie Ihnen vergeben. Sie haben viel zu viel erlitten, als dass man das von ihnen erwarten dürfte.

2.	Gehen Sie nicht davon aus, dass alle Schwarzen Menschen Hiphop mögen, gut tanzen können, etc. pp. Schwarze Menschen sind ganz unterschiedliche Individuen. *Black Culture* ist das Codewort für ›pathologisch primitive Ghetto-Bewohner‹.	Erwarten Sie von Schwarzen Menschen nicht, sogenannte weiße Sozialnormen zu übernehmen, schließlich haben Schwarze Menschen eine ganz eigene Kultur.
3.	Zu Rassismus zu schweigen ist Gewalt.	Die Stimme der Unterdrückten muss lauter zu hören sein als Ihre eigene.
4.	Sie müssen ewig danach streben, die Erfahrungen Schwarzer Menschen zu verstehen.	Sie werden nie verstehen, wie es ist, Schwarz zu sein; und wenn Sie sich das einbilden, ist das rassistisch.
5.	Zeigen Sie Interesse an Multikulturalismus.	Finger weg von kultureller Aneignung! Was nicht zu Ihrer Kultur gehört, ist nichts für Sie; Sie sollten es weder probieren noch tun.
6.	Unterstützen Sie Schwarze Menschen darin, eigene Räume für sich zu schaffen, und halten Sie sich daraus fern.	Streben Sie danach, Schwarze Freunde zu haben. Haben Sie keine, sind Sie Rassist oder Rassistin. Wenn Sie behaupten, welche zu haben, sollten es schon wirklich gute Freunde sein – sonst nämlich besetzen Sie ihren privaten Raum, in dem Sie nichts zu suchen haben.

7.	Wenn Weiße aus Schwarzen Wohnvierteln wegziehen, ist das *White Flight*, die weiße Fluchtbewegung.	Wenn Weiße in Schwarze Wohnviertel ziehen, ist das Gentrifizierung, auch wenn die Schwarzen Bewohnerinnen und Bewohner viel Geld für ihre Häuser und Wohnungen bekommen.
8.	Wer als weißer Mensch nur Beziehungen mit Weißen eingeht, ist ein Rassist beziehungsweise eine Rassistin.	Wer als weißer Mensch auch Schwarze datet, exotisiert, wenn auch oft unbewusst, das große ›Andere‹.
9.	Schwarze Menschen dürfen nicht für alles verantwortlich gemacht werden, was andere Schwarze Menschen tun.	Allen Weißen muss bewusst sein, dass sie persönlich verstrickt sind in die historisch gewachsene Perfidie von ›Weißsein‹.
10.	Um eine repräsentative Anzahl von ihnen im Seminarraum zu haben sowie die Meinungsvielfalt zu gewährleisten, müssen Schwarze Studierende über angepasste Noten- und Testergebnisstandards Zugang zu Hochschulen erhalten.	Davon auszugehen, dass Schwarze den Studienplatz nur aufgrund ihrer Hautfarbe bekommen haben, ist Rassismus. Genauso rassistisch ist es, von ihnen zu erwarten, bei Diskussionen im Seminarraum die ›diverse‹ Sichtweise zu repräsentieren.

Das oben Genannte ist Kirche; es hat keinen Platz im Staat.

Wer eine Perspektive braucht, sollte mal mit jemandem aus einem ehemals kommunistischen Land reden. Viele der Menschen, die aus Russland und China in die USA eingewandert sind, sind doch sehr verwundert darüber, wie bereitwillig viele kluge Amerikanerinnen und Amerikaner vor einer Rhetorik einknicken, die sie als das wiedererkennen, wovor sie geflohen sind beziehungsweise was das Leben ihrer Eltern und Verwandten zerstört hat.

Man denke an Haie. Man kann einen sich nähernden Hai zum Wegschwimmen bringen, indem man ihm auf die Nase boxt. Irgendwas daran irritiert ihn so, dass er abdreht. Metaphorisch gesprochen: Wir sollten anfangen, den Erwählten auf die Nase zu hauen, wenn sie uns nachstellen.

Natürlich meine ich damit nichts Physisches, ich habe nicht die geringste Absicht, etwas in diese Richtung anzustoßen. Aber die Metapher ist einfach unschätzbar gut. Der Knuff auf die Nase wird nur mit Worten ausgeführt und besteht aus nichts anderem, als Nein zu ihnen zu sagen. Sicher, wir haben es hier mit Haien zu tun, die uns, auch wenn sie zunächst abdrehen, auf Twitter noch als weiße Suprematisten schmähen. Aber ehrlich gesagt: Es gibt Schlimmeres im Leben.

Schlimmer wäre es zum Beispiel, Tyrannen, die nur unser Bestes wollen und mit Verleumdung drohen, zu gestatten, mit ihrer finsteren Bestrafungsideologie die Macht darüber zu übernehmen, wie wir denken, unterrichten, träumen und leben. Außerdem werden sich die Haie irgendwann auch nur noch abwenden und nicht mehr ihr Handy zücken (okay, an dieser Stelle ist die Analogie schon etwas überstrapaziert!), weil sie gemerkt haben, dass ihre Beschimpfungen ihnen nicht das bringen, was sie wollen.

Ein paar beispielhafte Erwiderungen:

»Ich denke nicht, dass ich ein weißer Suprematist bin und an die Vorherrschaft der weißen Rasse glaube, und Sie werden mich nicht dazu bringen, meine Meinung zu ändern. Lassen Sie uns doch über ein anderes Thema sprechen.«

(Und sollte der Erwählte daraufhin die Zusammenkunft aufgrund Ihrer ketzerischen Aussage angewidert verlassen: Soll er doch. Setzen Sie Ihr Treffen ohne inszeniertes Schuldbekenntnis fort und entschuldigen Sie sich auch hinterher nicht bei ihm, wenn er Ihnen schreibt, dass das, was Sie da gesagt haben, ›problematisch‹ sei, also blasphemisch.)

»Ich werde diese Petition nicht unterschreiben, und es ist mir egal, was Sie dann bei Twitter oder sonst wo über mich schreiben.«

(Ein Twitter-Mob ist grässlich. Manche von Ihnen könnten sich überlegen, ob sie nicht einfach für ein paar Wochen abtauchen. Glauben Sie mir: Ein solcher Shitstorm ist – ein paar extreme Fälle mal ausgenommen – irgendwann vorbei, und das Leben geht weiter.)

»Ich werde meine harmlose Aussage nicht zurückziehen, und Sie dürfen mich gern bezeichnen, wie Ihnen beliebt. Aber wenn Sie versuchen, meine Entlassung zu betreiben, werde ich mich wehren und auf Twitter über *Sie* schreiben.«

(Und das machen Sie dann auch! Wahrscheinlich stellen Sie fest, dass Sie mehr Freundinnen und Freunde haben, als Sie denken. Die sozialen Medien bringen nicht nur die Erwählten zusammen, sondern auch Menschen wie Sie. Und Menschen wie Sie sind des missbräuchlichen Verhaltens der Erwählten mit jeder vergehenden Woche überdrüssiger.)

»Diese Religion hat auf dem Lehrplan dieser Schule nichts zu suchen. Und es ist eindeutig eine Religion, denn, so leid es mir tut, Sie scheinen mir nicht in der Lage zu sein, Ihren Umgang mit diesem Thema so zu erklären, dass es etwas mit dem zu tun hat, was ich für logisch halte. *Wir müssen über Rassismus sprechen* und *How to Be an Antiracist* sind für Sie das A und O, aber Sie scheinen mir nicht sagen zu können, warum, und das heißt wiederum für mich, dass diese Bücher nicht ganz so bedeutsam sind, wie Sie vielleicht denken mögen. Wenn Sie darauf bestehen, meine Kinder dieser Religion auszusetzen, obwohl sie hier doch eigentlich mit Bildung in Kontakt kommen sollten, organisiere ich eine Gruppe von Eltern, und wir geben unsere Kinder dann auf eine andere Schule. Und im Vorfeld, währenddessen und hinterher schreiben wir alles über Sie auf Twitter.«

(Wenn das landesweit zum Trend würde, würde es immer einfacher, andere Eltern dazu zu kriegen, sich Ihnen öffentlich anzuschließen.)

»Nein, wir werden nicht unseren gesamten Lehrplan neu am Antirassismus ausrichten. Wir denken nicht, dass der Kampf gegen den Rassismus das wichtigste Ziel unseres Studiengangs ist; er ist für uns ein Ziel unter vielen, und wir sind stolz darauf, wie wir bislang damit umgegangen sind. Für Vorschläge, wie wir noch besser werden können, sind wir immer offen, aber Antirassismus soll nicht zum Schwerpunkt unserer Arbeit hier werden, und wenn Ihnen das nicht gefällt, dürfen Sie gern versuchen, einen anderen Fachbereich zu unterwandern.«

(Und der Sturm in den sozialen Medien würde sofort beginnen. Hinzu kämen überall verteilte und aufgehängte Flyer, lautstarke Proteste vor dem Gebäude und solche Sachen. Halten Sie durch – angefeuert von zahllosen vollkommen vernünftigen Ehemaligen, Eltern und meist auch, wenngleich oft diskret, vom großen Rest des Campuspersonals.)

»Sie sagen mir, ich sei Rassist (oder Rassistin), aber im Grunde genommen kümmere ich mich doch mehr als Sie darum, armen Menschen of Color wirklich zu helfen.«

(Sehen Sie ihnen dabei fest in die Augen – und nuscheln Sie nicht »Tut mir leid«. So lässt sich schon einiges

> bewirken: nicht wegschauen, keinen Millimeter zurückweichen. Ich kann Ihnen garantieren, dass Ihre Gesprächspartner auf irgendeiner Bewusstseinsebene wissen, dass Sie, wenn Sie sich für solide Berufsausbildungen und das Ende der Kriminalisierung von Drogen einsetzen, ein besserer Verbündeter für Schwarze Menschen sind, als wenn Sie, während Rom längst brennt, im Kreis sitzen, ihre weißen Privilegien bezeugen und sich dafür entschuldigen.)

Wir müssen Nein zu diesen Leuten sagen, wenn wir zu einem Ergebnis kommen wollen: So wird sich bei ihnen allmählich die Erkenntnis durchsetzen, dass sie einen Gang zulegen beziehungsweise besser noch runterschalten sollten. Nach und nach wird sich bei ihnen und schließlich sogar bei ihren inoffiziellen Anführerinnen und Anführern die Erkenntnis durchsetzen, dass öffentliche Beschämung nicht mehr funktioniert. Und ja, noch einmal: Auch wenn man genau weiß, dass man das nicht ist, kann es sehr hart sein, als Rassistin oder Rassist bezeichnet zu werden. So, wie man ja auch bei der Vorstellung erzittert, als Kinderschänder, Klimawandelleugnerin oder gar – Hölle! – als jemand bezeichnet zu werden, der *Mad Men* nicht ganz kapiert hat.

Wir müssen uns gewissermaßen als heldenhaft Tapfere sehen. In seinem *Archipel Gulag* schrieb Alexander Solschenizyn zu diesem Thema etwas, das traurigerweise immer noch in unsere Zeit passt:

> Weil wir's doch gewohnt sind, unter *Tapferkeit* nur die militärische Tapferkeit zu verstehen (na, auch jene, die in den Weltraum fliegt), jene, die mit Orden klimpert. Die

> andre Tapferkeit – die *Zivilcourage* – haben wir vergessen, aber nur an ihr! an ihr! an ihr ist in unserer Gesellschaft Not! nur an ihr mangelt es uns …

Selbstverständlich werden die Erwählten das, was wir als tapfer erachten, als rassistischen Backlash einordnen, angesichts dessen sie sich nur noch mehr für ihre Rechtschaffenheit selbst loben werden. Aber wenn sie mitsamt ihrer Rechtschaffenheit Schritt für Schritt auf den Stand von 2010 zurückgedrängt werden und sich dann gebärden wie eine Stimme unter vielen, haben wir unsere Aufgabe erledigt. Sozialgeschichte ist nie perfekt, aber solange die Terrorherrschaft der Erwählten eingehegt ist und zum Halten kommt, geht es uns besser, völlig unabhängig davon, ob sie verstehen, warum.

Wohlgemerkt: Lassen Sie sich nicht ablenken von dieser Person auf der anderen Seite des Tischs, die sagt, verglichen mit offen rassistischen Rechtsradikalen seien die Erwählten ja wohl keine echte Gefahr. Revolutionen seien halt immer chaotisch, hören wir. Man will uns damit sagen, die aktuelle Herrschaft der Erwählten sei im großen Bild betrachtet nur ein Übergangsstadium, in dem die Linke ein paar kleinere Macken ausmerzt. Aber nur sehr wenige, die diese Ansicht vertreten, würden die Alt-Right-Bewegung als einfach ›chaotisch‹ bezeichnen, und ich kann dazu nur sagen: Stellen Sie sich doch vor, dass der Erwählte Mob es auf Sie abgesehen hat.

Sollten Sie inmitten dieses netten Chaos dann doch Angst empfinden, ist der Beweis erbracht, dass wir diesem Zusammenhang gesteigerte Aufmerksamkeit widmen sollten.

Angst und Schrecken sind auch dann nicht plötzlich gut, wenn sie von Linken oder Schwarzen Menschen verbreitet werden. Die Vernunft sollte die Oberhand behalten. Das ist der Kern der Aufklärung. Die Abolitionisten wussten das genauso wie die Köpfe der Bürgerrechtsbewegung, und die Liberalen von heute wissen es auch. Nur die Erwählten behaupten, dass Rationalität da, wo sie unbequem wird für sie, nichts als *Whiteness* ist, eine Sache ausschließlich weißer Menschen.

Es ist allerdings weder fortschrittlich noch chaotisch, wenn Menschen ihren Job und ihr Ansehen deswegen verlieren, weil die Beseitigung ungleicher Machtverhältnisse nicht im Zentrum all ihres Tuns, Schreibens, Sagens oder Fühlens steht. Es ist weder fortschrittlich noch chaotisch, wenn Schwarzen Menschen beigebracht wird, ihr größter Wert sei nicht ihr individuelles Sein, sondern ihre Geschicklichkeit darin, das Opfer zu spielen, damit Weiße sich mit ihren Schuldgefühlen gut fühlen können. Die Erwählten sind nicht einfach nur eine Chaostruppe. Sie sind eine Geißel der Menschheit und müssen entsprechend behandelt werden.

Seien Sie Spartakus!

Es ist nur natürlich, Angst davor zu haben, sich gegen diese Gemeindeangehörigen zu stellen, die so leidenschaftlich widersprechen mit ihren ausgesuchten Worten, ihrem kunstvollen Sarkasmus und ihrem selbstsicheren Auftreten. Aber ich kann Ihnen versichern: Unsere Gesellschaft bietet Raum, um die Wahrheit offen zu sagen und das Leben ihrer Verkündung zu widmen. Ich gebe Ihnen ein paar Beispiele, die mir noch ganz frisch in Erinnerung sind, während ich sie hier aufschreibe:

> Trotz vieler, vieler Unterschriften unter einer Petition weigerte sich der Lebensmitteleinzelhändler Trader Joe's, seine ironisch ›Trader José‹, ›Trader Ming‹ etc. benannten Produktlinien aus dem Verkehr zu ziehen. Die Petition hatte eine Erwählte Teenagerin gestartet, die allen Ernstes glaubte, in der großen Bewegung der *racial* Bewusstwerdung und Aufrechnung im Jahr 2020 ihre Bestimmung gefunden zu haben. Trader Joe's sagte Nein, die Geschäfte gibt es bis heute, und die Jugendliche zog sich bald wieder aus den sozialen Medien zurück.
>
> Die Harding University in Arkansas weigerte sich, den Namen eines ehemaligen Universitätspräsidenten von einem Gebäude abzunehmen, obwohl der sich in den 1960er Jahren zunächst gegen die Öffnung der Hochschule für Schwarze ausgesprochen hatte. Man begründete diese Entscheidung damit, sich das gesamte Leben des Mannes genau angeschaut zu haben. Er habe später seine Ansichten zur Integration verändert und viel Gutes in Afrika getan. Das sei konform mit den christlichen Grundsätzen der Universität, zu denen eben auch Vergebung zähle. In der Erwählten Religion ist das Konzept der Vergebung übrigens nicht zu finden. Die Universität gibt es noch; ihr Direktorium hat Nein gesagt und überlebt.
>
> Der Mathematiker Sergiu Klainerman und der Altphilologe Joshua Katz, beide Professoren in Princeton, distan-

zierten sich öffentlich von jenem Princeton-Manifest, das die Hochschule als strukturell rassistisch attackierte. Indem die beiden das taten, zollten sie Schwarzen Menschen Respekt. Obwohl sie in den sozialen Medien als Sie-wissen-schon-was verunglimpft wurden (über Katz wurde außerdem ein Artikel in der Campuszeitung veröffentlicht, der peinliche Dinge aus seiner Vergangenheit hervorholte), werden sie wohl in absehbarer Zeit keine Bleistifte auf der Straße verkaufen müssen. Sie haben Nein gesagt und überlebt.

Auch an der University of California Davis verurteilte die Mathematikerin Abigail Thompson den Wortlaut eines *Diversity Statements* scharf, das dem Kollegium aufgedrückt worden war. Sie sagte Nein, hielt ihren Kritikerinnen und Kritikern stand und hat es überlebt.

Todd Eklof, der unitarische Geistliche, der Einwände erhoben hat gegen die Erwählte Ideologie (vgl. Kapitel 2) und dafür exkommuniziert wurde, setzt sich nun zur Wehr. Er wird unterstützt von Hunderten Mitgliedern seiner Gemeinde und vieler weiterer, die mittlerweile aus Protest aus der Kirche ausgetreten sind. Reverend Eklof wird überleben.

Mehr als hundert etablierte Künstlerinnen und Künstler haben eine Petition gegen Museen eingereicht, die Gemälde von Philip Guston aus ihren Ausstellungen nahmen. Viele von Gustons Bildern zeigen unter anderem Mitglieder des Ku-Klux-Klans in abstrahierter Form. Was als Anregung zum Nachdenken gedacht ist, löste bei den betreffenden Museen die Angst aus, gewisse Leute könnten den Eindruck bekommen, diese Bilder rückten die vielgeschmähte Bigotterie in den Mittelpunkt oder lösten traumatische Erinnerungen aus. Die Kunstschaffenden allerdings haben begriffen, wie rückschrittlich diese Entscheidung ist, wie absichtsvoll sie Unwissen gegenüber den Funktionsmechanismen von Kunst vortäuscht. Gustons Arbeiten sowie diese Künstlerinnen und Künstler werden überleben.

Morton Schapiro, Präsident der Northwestern University, trat den Studierenden, die für den Entzug der Geldmittel für die Campus-Polizei demonstrierten, ihm dabei Beleidigungen entgegenschleuderten und den Gehweg vor seinem Haus verunstalteten, mit entwaffnender Ehrlichkeit entgegen: »Das, was Sie hier machen, hat nicht viel damit zu tun, den Mächtigen die Wahrheit zu sagen. Es hilft auch Ihrer Sache nicht. Was Sie hier tun, ist verabscheuungswürdig, Sie sollten sich schämen.« Natürlich bezeichneten die üblichen Verdächtigen ihn als Rassisten und verlangten seinen Rücktritt. Er hielt stand: »Ich stehe voll und ganz hinter dem, was ich gesagt habe, ohne Wenn und Aber.« Und da steht er immer noch.

Pedro Domingos, Professor für Computerwissenschaft und -technik an der University of Washington, stellte den ›Ethiktest‹ infrage, den die Erwählten für alle eingereichten Vorträge und Artikel im Rahmen der renommierten Conference on Artificial Intelligence und deren Begleitpublikation forderten. Domingos wurde umgehend von einem der führenden Erwählten Wissenschaftler aus seinem Feld angegriffen, und zwar mit dem gesamten Waffenarsenal: Erst wurden wie üblich alle Truppen aufgeboten, dann wurden sehr persönliche Anschuldigungen laut, und schließlich wurden sogar diejenigen, die Domingos in den sozialen Medien folgten, an den Pranger gestellt. Domingos selbst aber wankte nicht und konnte zusehen, wie nach und nach die gemäßigt gesinnteren Kollegen und Kolleginnen anfingen, sich zu seinen Gunsten auszusprechen. Heute geht es ihm so gut, dass er davon erzählen kann.

Und es gibt weitere, die lieber nicht genannt werden wollten, zum Beispiel den Akademiker in führender Position, dem aus Erwählten Beweggründen befohlen wurde, bestimmte Personen als rassistisch zu verurteilen. Daraufhin legte er seinen Posten trotz der Gehaltseinbußen nieder, die die Rückkehr in den akademischen Mittelbau mit sich brachte. Dieser Mann hat überlebt wie so viele. Und sehr viele weitere werden das in Zukunft ebenfalls noch tun.

Wenn Sie sich diesen tapferen, selbstbewussten Überlebenden anschließen, sind Sie für die Erwählten, egal welche Hautfarbe Sie haben, für immer und ewig ein moralisch pervertierter Mensch, der mit dem weißen Suprematismus ins Bett steigt.

Aber das tun Sie nicht. Und das wissen Sie.

Also: Begehren Sie auf!

/

Danksagung

Dieses Buch ist im Sommer 2020 förmlich aus mir herausgesprungen. Mein Dank geht vor allem an meinen Agenten Dan Conaway, der sich voll Gnade und Geduld um seinen Klienten bemühte, der so ungünstig schnell nach dem Vorgänger schon wieder an einem neuen Buch schrieb. Meisterlich steuerte er es im Laufe der Zeit bis zur Publikationsreife. Auch Bria Sandford bei Portfolio war mir eine erfrischend beschlagene Lektorin.

Dies ist das erste Buch, für das ich Menschen, die ich eigentlich gar nicht kenne, einen nicht unbedeutenden Dank schulde. Seit dem Sommer 2020 haben mich Tausende Zuschriften erreicht, von Leuten, die über den neuen Einfluss der Erwählten genauso entsetzt sind wie ich. Ihre Briefe – die bis zum heutigen Tag in einer derartigen Vielzahl bei mir eintreffen, dass ich sie gar nicht alle persönlich beantworten kann – haben mir weitreichende Einblicke in Qualität und Ausmaß des Phänomens beschert, unter anderem habe ich durch sie zahllose Beispiele aus den Wohnorten der

Betroffenen an die Hand bekommen. Ich habe auf jeden Fall enorm viel aus ihnen gelernt. Ein Großteil des Katechismus der Widersprüche in Kapitel 1 wurde von jemandem inspiriert, der zu den Themen dieses Buches Kontakt mit mir aufgenommen hat, der jedoch wegen des rachsüchtigen, strafenden Charakters der Bewegung, auf die ich mich beziehe, lieber anonym bleiben will. Aber die betreffende Person weiß, dass sie hier gemeint ist.

Von all meinen Bekannten waren mir Dan Akst, Aileen Kawabe, Joe Kolman, Lenore Skenazy sowie Dan und Rose Subotnik eine große Hilfe, die Gedanken, die in dieses Buch geflossen sind, in eine Form zu bringen.

/

Anmerkungen

2 / Die neue Religion

57 Er ist ein wunderbarer Mensch, der von allen Studierenden gleichermaßen geschätzt wird: Maria Lencki, »Northwestern Law Faculty Refuse to Explain Why They Introduced Themselves as Racists«, in: *College Fix*, 8. September 2000. https://www.thecollegefix.com/northwestern-law-faculty-refuse-to-explain-why-they-introduced-themselves-as-racists/

68 Ein Schwarzer Autor wandte ein: Charlton McIlwain, »Racism Cannot be Reduced to Mere Computation«, in: *Slate*, 29. August 2020.

70 Die Auslöschung ist so erstaunlich wie gründlich: Jonathan Holloway, »Isn't 400 Years Enough?«, in: *The New York Times*, 10. Februar 2021. https://www.nytimes.com/2021/02/10/opinion/black-history-month.html

82 Opfer dieses mentalen Virus: Richard Trudeau, »UUs in the Pews, Please Help!«, in: *Truly Open Minds and Hearts* (Blog), 24. Juni 2020. https://trulyopenmindsandhearts.blog/2020/06/24/uus-in-the-pews-please-help/

88 Ein Professor an der New Yorker Steinhardt School: zitiert aus einem vertraulichen Schreiben an den Autor.

3 / Was macht diese Religion für so viele so attraktiv?

94 Der Unterschied zwischen der guten alten Linken und den modernen Erwählten: Richard Delgado, *The Coming Race War?*, New York 1996 (New York University Press), S. 29.

94 Eine neue Politik der Identifikation: Regina Austin, »›The Black Community‹, Its Lawbreakers, and a Politics of Identification«, in: *Southern California Law Review* 65,4 (Mai 1992), S. 1769–1817.

98 Nichts illustriert dieses Vermächtnis besser als eine Sitzung des New Yorker Schulamts aus dem Jahr 2020: CEC District 2, »CEC D2 Working Business Meeting«; YouTube-Video vom 29. Juni 2020, 1:25:24. https://www.youtube.com/watch?v=VbJr2-55MVk&t=2541s

101 Im Ergebnis kommt das heraus, was Nick Srnicek und Alex Williams als »Folk-Politik« bezeichnet haben: Nick Srnicek und Alex Williams, *Die Zukunft erfinden. Postkapitalismus und eine Welt ohne Arbeit*, Berlin 2016 (edition TIAMAT), S. 13 und S. 29.

102 Die Menschen machen sich Vorwürfe, weil sie sich gern Vorwürfe machen: Douglas Murray, *Der Selbstmord Europas. Immigration, Identität, Islam*, München 2018 (FinanzBuch Verlag), S. 274.

104 Wenn Sie aus unserer europäischen Kultur die Religion wegschaffen wollen: Sigmund Freud, »Die Zukunft einer Illusion«, in: ders., *Massenpsychologie und Ich-Analyse*, Frankfurt a. M. 1967 (Fischer TB), S. 130.

115 In seiner Analyse trifft Michael Lind traurig genau den Punkt: Michael Lind, »What Politics Is(n't)«, in: *The Smart Set*, 30. September 2016. https://www.thesmartset.com/what-politics-isnt/

122 Ich gelte etwas, wenn ich nicht respektiert werde: N.R. Kleinfield, »Guarding the Borders of the Hip-Hop Nation«, in: *The New York Times*, 6. Juli 2000. https://www.nytimes.com/2000/07/06/us/guarding-the-borders-of-the-hip-hop-nation.html

127 In einer Selbsterfahrungsgruppe, circa 1970: Elizabeth Lasch-Quinn, *Race Experts*, Lanham, MD, 2002 (Rowman & Littlefield), S. 100.

4 / Worin liegt das Problem mit dem Erwähltismus, wenn er eine Religion ist? Er schadet Schwarzen Menschen

141 Schwarze Jungen werden häufiger als andere vom Unterricht suspendiert oder der Schule verwiesen: Christopher Paslay, *Exploring White Fragility*, Lanham, MD, 2021 (Rowman & Littlefield).

152 Für ihn waren sie »wie Naturkatastrophen; sie waren das Feuer, der Komet, der Sturm«: Ta-Nehisi Coates, *Zwischen mir und der Welt*, Berlin 2015 (Hanser Berlin), S. 96.

156 Chanda Prescod-Weinstein zu Gemüte führen: Chanda Prescod-Weinstein, »Making Black Women Scientists under White Empiricism: The Racialization of Epistemology in Physics«, in: *Signs* 45,2 (Januar 2020), S. 421–427.

6 / Wie können wir sie umgehen, wie um sie herumarbeiten?

224 An informellen Veranstaltungen der Fakultät nehme ich so gut wie nie teil: Chris Lebron, »White America Wants Me to Conform. I Won't Do It«, in: *The New York Times*, 16. Juni 2020. https://www.nytimes.com/2020/06/16/opinion/black-academia-racism.html

235 Etwas als Religion anzuerkennen: Charles Fain Lehman, »Review: ›Strange Rites‹ by Tara Isabella Burton«, in: *Washington Free Beacon*, 14. Juni 2020. https://freebeacon.com/culture/review-strange-rites-by-tara-isabella-burton/

243 Weil wir's doch gewohnt sind, unter *Tapferkeit* nur die militärische Tapferkeit zu verstehen: Alexander Solschenizyn, *Der Archipel Gulag*, Bern 1974 (Scherz), S. 438.